U0152959

女子
幸福財商課

陳念————著

做個財務獨立的女人，讓安全感爆棚

　　若將家庭比喻成一個企業，那我肯定就是這家公司的 CFO（Chief Financial Officer；財務長）。

　　多年來，我一直為自己的家庭打理財富。

　　回首過往的投資決定依舊歷歷在目。大學畢業五年的我，從銀行取出沉甸甸的現金，第一次返回家鄉上海置產，想到人生從此將背負大筆貸款，負重前行，整個手心裡滿滿的全是汗……。還記得而立之年的我，一邊摸索，一邊開始將積攢多年的財富投入股市，開始投資，當下的興奮、茫然與憧憬，心緒至今仍難平。尤其是剛開始創業的我，感謝自己的堅持，也迫不及待地想將經驗分享給對投資感興趣的朋友。因為我相信，分享使人成長，也使人更加強大。

　　回望自己十六年的家庭生活，我也不是一開始就懂得財富管理，並勝任家庭 CFO 這個角色。即使在金融行業待了快十年，我也做過不少傻事：誤聽小道消息、聽任內線操縱、錯誤置產等。甚至有很長一段時間因為忙於創業，我壓根沒心思打理家庭財富。直到有一天，我無意中的一筆投資，讓我在三年內獲得了好幾倍回報，堪稱意外之喜（可惜當初本

金投入太少）。於是，我萌生了一個念頭：如何能讓家庭的資金安全、有效地運轉？

亞馬遜（Amazon.com, Inc.）的創辦人貝佐斯（Jeffrey Preston "Jeff" Bezos）曾提出「飛輪效應」（Flywheel Effect），意指想讓輪子轉動，一開始便須使用很大力氣，才能讓輪子慢慢啟動。但隨著飛輪的轉動，速度會越來越快。當達到某個臨界點時，飛輪就會依照慣性自動轉動，而且很難停下來。

有了這個想法之後，我閱讀了大量的書籍並持續上課，每當學到一個方法便先實踐再檢討。自認並非聰明人，但勝在熱愛學習，曾以三十五歲的高齡考上 MBA，並先後進入清華大學、復旦大學進修，不斷拓寬對財富和人生的認知。

越早啟動投資模式，財富積累就會越多

沉浸在財富之旅的探索中，我發現同樣可用「飛輪效應」來驗證家庭財富的積累，即最初花很多時間去學習，待投入一些資金下場嘗試，推動財富飛輪的啟動。隨著投資組合越來越適合自己，這時便會進入自動運轉的過程，而且是越早啟動，財富積累就越多。

這個發現讓我非常興奮。我一邊努力探索，一邊作為女

性理財入門導師，用視頻、郵件、面談等形式，傾聽諮詢者們關於理財的喜怒哀樂，幫助她們卸下焦慮，勇敢、正確並坦然地追求財富。目前，我的女性理財課程已經影響了上萬個家庭，這讓我想起經常參加的馬拉松和越野賽跑的朋友，大家互相加油打氣，彼此鼓勵支持，能夠跑得更長遠，戰績更好。而這也正是我寫書的初衷。

很多人問我，自己爲何需要理財？又該怎麼做？最初，我嘗試推薦大家一些書，比如基金、債券、理財等方面的投資入門書。可是又有人問我，對於剛入門或正在期待入門的女性朋友來說，能否只看一本書就抓到重點，快速瞭解家庭理財的基本規律和工具，一邊實踐、一邊成長呢？

因此，就在朋友們和學員們的鼓勵下，我終於決定了，乾脆自己寫一本書吧！從一個女性、一個媽媽、一個家庭理財師的角度，分享我和家人的理財實戰經歷，以及在投資的路上如何和伴侶不再相互埋怨、爭吵，而是尋找契機，共同前行。當然，我也非常推薦你根據當下的需要，盡可能多閱讀一些理財類、心理類、知識類書籍，找到屬於自己的致富技巧和心靈力量，進而選擇不一樣的人生。

關於本書的使用方法，我的建議如下：

如果你對理財無比渴望，但遲遲沒有開始行動，可以先

從第一章讀起。

你的內心缺乏「安全感」嗎？

也許你衣食無憂，可在某些夜晚，是不是仍會懷疑，會不會有一天，這些財富都會離「我」而去？

如果生活發生重大變動，「我」能否扛得住？

低風險，分散買；勤思量，保本金

這麼多年來，我心中最深的感觸是，金錢本身不能帶來安全感，但持續學習理財，提升自我能力，確實能讓自己獲得極大的安全感。如果你對投資特別感興趣，可以先翻閱第二章到第四章的內容。我為大家細細說明了如何存錢、買指數基金、主動基金、可轉換公司債、股票以及交易黃金、收藏藝術品等，涉及的品項比較多。你可能會疑惑，有必要涉獵那麼多品種嗎？不好意思，我平時就是一個「貪心」的人，興趣廣泛。而上述這些品項都屬於當下主流的投資方式，所以我都已嘗試過一遍，進而再從中選出自己最心儀的品項和方法。

再者，我認為保險對一個家庭來說是最不可或缺的一環。所以我在第五章裡分享了自己購買保險的經驗、困惑，以及平時被問到最多的儲備退休金的問題。而第六章則是探

討如何與伴侶之間做到財務相對獨立，卻又彼此融合無間的成長問題。若能與另一半共同成長，相互扶持，家庭財富飛輪的轉速將會大大加快。反之則會拖慢前進的速度。

我甚至發現，有九成以上的學員在追求財富的道路上向前行時，遭遇的障礙不是如何快速學習「理財技能」，而是伴侶的態度和認可。

至於第七章則是討論身為父母的我們如何與孩子溝通金錢的問題，培養孩子的財商。我目前作為特邀少兒財商講師，長期在各中、小學上課。不論學校是否開設相關課程，家庭仍是培養孩子財商思邏輯最重要的地方。而在舉辦父母財商講座時，我經常建議父母親用以下兩個方法來和孩子溝通。

第一個是「場景法」。當孩子問我們有沒有錢，是否富裕，或者家庭成員碰到金錢問題時，都是 明孩子瞭解金錢運轉規則和投資風險，身體力行傳遞金錢觀的最佳時機。

第二個方法是「零用錢法」。每週或每月給孩子發放零用錢，確保他們有一筆固定的資金可規劃。在一個安全範圍內，以零用錢作為載體，讓孩子學習為自己花錢與為別人用錢。對孩子來說，「認識金錢，管理欲望，瞭解世界」，正是財商培養的關鍵。

　　本書涵括了女性打理家庭資產的方方面面，所有內容都源於我自己的投資、授課經驗，以及反覆思考後領悟到的知識。相當適合你放在手邊，一旦在生活中巧遇投資機會，或與伴侶、孩子溝通金錢問題時，都可以拿出來翻閱一下。

　　對於步入婚姻的女人來說，管理家庭錢財的難度要遠遠高於單身的時候。打理家庭財富就像打理花園一樣，需要小心翼翼，方能四季常青。我設定了家庭理財的目標：

　　第一，有生之年，讓家庭所有資產都能平衡增長，享受時間複利帶來的紅利。

　　第二，和家人同步溝通，共擔壓力，讓金錢成為通往幸福關係的路徑。

　　第三，和孩子持續分享、探討金錢觀，支持他們獨立、積極且自在地探索財富世界。

　　凡是過往，皆為序章。期待與你一起在財富花園中興致勃勃、閒庭信步地並肩遊玩。

陳念

CONTENTS
目錄

CONTENTS

目錄

CHAPTER *1*

「安全感」是自找的……

享受幸福是需要學習的,當幸福來臨時,你我必須時常提醒自己要珍惜,就像在寒冷的日子裡要找機會多曬曬太陽,這樣心裡就會感到暖洋洋的……。

制訂合理的目標,就像架起了一條邁向財務獨立和幸福的橋樑。

1.1

女人為何容易缺乏安全感？

前兩年，某位網友私訊我，徵詢內容是：

「我是一名全職媽媽，先生負責賺錢，我則每天料理全部家事跟照顧孩子，先生收入穩定，對我也很好，只是生活中總有一些讓我感到不安……：經濟上，除了生活基本開支，任何其他花費都要先徵求先生同意。」

她因此開始擔憂未來，畢竟家庭經濟收入都依賴先生，萬一老公失業，撫養孩子和支撐家庭開銷的錢從何而來？

「又萬一婚姻出現問題，她必須離開對方，這又該如何生活？她很希望做出一些改變來增強對生活的掌控感，又不知道從何開始。」

聽完她的訴說，我其實有一點點心疼。一個女人缺乏財務自主權，往往很容易缺乏安全感，也會因此陷入焦慮、恐懼、自我懷疑中。

安全感為何這般難得？

安全感是一個人的生活中無論出現什麼樣的狀況，身心方面都能應對的有力感。對女人來說，安全感往往來自兩個方面：

1. 具備獨立支配財富的能力

這位媽媽照顧孩子，支持家庭，對家庭財富增長有重要貢獻，所有的收入本應包含「全職媽媽」那一份。但在傳統觀念裡，全職媽媽的價值很難定義，也沒有明確的經濟衡量標準，導致全職媽媽的自我評價往往較低。

加上若先生控制欲強，總想掌控家裡的每一筆支出。在使用家庭資金時，她不能有充分的自我意識，更談不上打理家庭資產，這種經濟上的無力感，容易引發對生活的焦慮，進而引發對未來的擔憂。

2. 擁有穩定且相互支持的家庭關係

在婚姻關係中，伴侶間不僅是需要噓寒問暖、互相照顧，更需要的是坦誠溝通，共同分擔經濟壓力和家庭責任，否則關係就容易失去平衡。

▎現實安全感：經濟獨立很重要

我後來回信給這位媽媽：「有一隻鳥兒站在樹枝上，樹枝可能隨時會折斷。但是鳥兒一點兒也不擔心，因為它相信的不是樹枝，是它自己的翅膀。」

你就像暫時被捆住了「翅膀」的鳥兒，想要化解擔憂，可以先試著鍛鍊在現實世界中，經濟獨立的能力。

1. 找尋自我天賦，擁有獨立可支配的金錢

經濟獨立的基礎，是擁有可以獨立支配的錢。對這位全職媽媽來說，可以和先生坦誠溝通，商量一個可自由支配的額度，在這個額度之內，先生不過問具體的花費，讓她全權做主。

想要經濟獨立，可以嘗試建立自己的「現金流管道」。比如有些媽媽會選擇將部分家務外包，每天為自己留下三～四個小時的「自我時間」。

最初，她也不知道如何開展自己在家庭之外的獨立事業。在諮詢後，她嘗試著畫出自己的「財務獨立計畫靈感圖」，終於找到方向。

在「財務獨立計畫靈感圖」中，「天賦」是一個人的獨門武器，「熱愛」能讓人感受到自己的人生價值，「技能」是一個人的專業，這三者可以自由組合出多個財務獨立計畫。

例如我輔導過一位媽媽，她從小最擅長，覺得做起來最不費力的事情就是手工藝，她做的飾品，朋友都很喜歡。而她最喜歡的事情，是和小動物待在一起。在做全職媽媽之前，她的工作是出納。以此為基礎，她擬定了三個「財務獨立靈感計畫」，分別是：

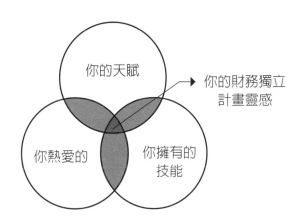

第一，製作寵物衣物，在朋友圈售賣，積累經驗後，再考慮線上上和線下商店代售，取得分紅。

第二，在一家寵物醫院兼職，運用自己的出納經驗，幫助公司管理財務。

第三，在自媒體平台上，分享自己做寵物衣服的過程和成品。

結合時間和經濟回報等因素，她最終確定了出售製作的寵物衣物，以在朋友圈自售和代售的方式來獲利。

如果你也想財務獨立，又不知從何著手，也可以嘗試畫一畫自己的「財務獨立計畫靈感圖」。擬訂好財務獨立計畫後，最好通過簡化的、成本可控的方法，結合自己擁有的時間、所在的地域、已有的社交網路等資源，快速驗證計畫是否可行，是否帶來足夠的經濟回報。

2. 儲備本金，保護自己和家庭

在擁有獨立可支配收入的基礎之上，借助理財，進一步「放大」本金。對女人來說，理財不用花太多時間，便可兼顧子女和家庭。只要選對投資工具，加上時間的孵化，就能創造合理的被動收入。

有不少女性堅持用定期定額的方式來投資基金，七年下來平均年報酬率約 8%，遠高於銀行儲蓄。她們所花的時間就是在每年年初時，看看是否需要調整投資標的。之後每個月按時扣款，分散買入幾檔基金。

理財並沒有想像中那麼難。難的是願意花時間去學習、堅持且不走捷徑，考驗的更是心性和耐力。

3. 知道「我」真正害怕的是什麼？

對女人來說，經濟獨立能夠幫助我們建立現實安全感，但隨之而來的問題是，物質安全了，心裡卻依舊惴惴不安，總是擔心準備不夠充分，始終感受不到安全感。

該怎麼辦呢？

我在此分享一個簡單有效的心理學方法：對話療法。

用「自問自答」的形式，不斷地問自己，找出「我」真正害怕的是什麼？也可以借助 OH 卡牌 1（心理學遊戲）、教練式提問法、夢想圖等多種輔助方式，持續探尋自己頭腦深處的金錢潛意識。例如：

提到金錢，「我」的心情是怎樣的？

如果沒錢，「我」最擔心什麼？害怕什麼？

擔心和害怕是真實存在的，還是憑空想像的？

有適合自己的、彈性的收支規劃嗎？

這些問題將引導自己思考，哪些是現實，哪些是想像。如果還沒有建立自己的「現金流管道」，沒有制訂長期的家庭財務規劃來分散風險，那麼就去制訂目標，分解行動計畫。行動可解憂，當你專注創造一件事情時，將很少有時間恐慌。

4. 先照亮自己，才能為他人帶來光明

建立現實中的安全感是一個自我完善的過程。在親密關係中建立安全感，要求更高一些，既要有自我，還要有彼此。在婚姻中，兩個人的經濟安全感常常是不同步的。有時候，伴侶可能成為我們安全感的軟肋。

曾有諮詢者跟我說，她的工作穩定，但伴侶的工作卻總在變動中。雖然家庭收入還過得去，但她總擔心對方萬一失業了，怎麼負擔家庭開支？

有時候，兩個人在經濟問題上表現得都過於自我。比如都想掌握家庭的「財務權」，都想讓對方的收入透明化，卻又不希望對方干涉自己，也不想公開自己的收入。

與另一半建立親密的安全感

承上述，如何在這種情況下建立親密關係安全感？

1. 架構家庭的財富圍牆

家庭的財富圍牆由兩部分組成：資產和現金。資產是指能帶來現金流，或者跑贏通貨膨脹的財物，比如房產、基金、有價值的收藏品等。

現金儲備量最好能覆蓋家庭未來六個月至一年的必要開支，這部分錢可以放在短期理財裡面。築好家庭的財富圍牆，就算夫妻任何一方收入中斷，甚至兩個人都失業，也會比較安心。

女性喜歡學習和溝通，所以在建立親密關係安全感時，常常是主動往前走一步的人。先把自己照亮，才能給他人帶來光明。親密關係中，財富管理並無定式。兩個人可以合作式理財，或者以更有學習意願、時間和精力的一方為主，或者探索其他的模式。固守己見會讓思想狹隘化，失去創造力。真正的雙贏是家庭財富合理優化且生活幸福。

2. 將「問題」變成「資源」

　　兩個人進入親密關係中，總是帶著各自性格、成長環境、家庭背景和財富觀的烙印。如果可能，最好在婚前瞭解清楚對方的財富態度。一旦雙方在財富觀上有很大分歧，相處將變得非常艱難。

　　對於非原則性的經濟問題，最好的方式是在互補中成長。曾經有一對夫妻諮詢者，妻子心細、謹慎，先生粗枝大葉、愛冒險。妻子責怪先生投資太激進，讓她擔心；先生嫌妻子保守，對家庭收入貢獻太少。後來，我為這對夫妻做了一次歷史投資模擬測算，發現如果沒有妻子的穩健投資平滑收益曲線，先生可能會在熊市時，損失一部分後來盈利的股票。而如果沒有先生的股票投資提升家庭的整體投資收益，家庭投資可能只是略微跑贏銀行的定存利息。

　　兩個人儘管性格和風險偏好有差別，但正是因為不一樣，反倒變得互補。

　　在親密關係中，財務的問題表面是收支，實質是情緒、看待問題的視角和習慣性思維。問題不只是問題，也可以是解決問題的資源，是通往新世界的成長之路。

1. 由一位在加拿大攻讀人本心理學碩士的德國人 Moritz Egetmeyer 和一位墨西哥裔的藝術家 Ely Raman 共同研發，是一種「自由聯想卡」及「潛意識投射卡」的系統，亦稱「OH Cards 潛意識投射卡」。

1.2

大女人的三條致富指南

　　一百多年前，英國女作家維吉尼亞 · 吳爾芙（Virginia Woolf）在自己的作品《自己的房間》（A Room of One's Own）一書中，曾經寫下了一段在當時可謂驚世駭俗的言論，她說：「我希望女人可以盡己所能，想方設法地為自己掙到足夠的錢，可去旅遊，去無所事事，去思索世界的未來或過去，就算是看書、做夢或在街頭閒逛都好，讓思考的漁線，深深沉入這條溪流中去。」

　　當女人全身心投入自己喜歡的事情時，努力實現財務獨立，能給予自己底氣、信心和行動力。

　　什麼樣的標準才能財務獨立呢？

　　某學者將財務夢想分為五級，依次為財務安全、財務活力、財務獨立、財務自由及絕對財務自由。財務獨立位於財務夢想的第三級，在財務上擺脫了僅靠工作謀生的狀態。也就是說，當你的收入大於開支時，你便可以實現財務獨立了。

財務夢想的五個境界		
層級	名稱	含義
第一層	財務安全	保障基本生活（食、衣、住、行、育樂、醫療等）所需的狀態。
第二層	財務活力	在財務安全的基礎上，還有餘錢可用於享受生活。
第三層	財務獨立	徹底擺脫必須依靠工作謀生的狀態。
第四層	財務自由	過著自己想要的生活，可以去做很多從前想做但沒能力做的事。
第五層	絕對財務自由	擁有足夠的能力去實現夢想，可按照自己想要的方式去生活。

▍財務獨立指南 1：願意為財務獨立花費時間

　　暢銷書「富爸爸系列」的作者羅伯特・清崎（Robert Toru Kiyosaki）的太太金・清崎，三十七歲時就實現了財務獨立。不管羅伯特・清崎的事業做得多大，金堅持財務獨立的想法，從來沒有動搖過。

　　金給女人財務獨立法是：女人要堅持以「財務獨立」為人生目標，願意為此花費時間，這也可以作為女人的第一條財務獨立法則。

首先，她花費大量時間瞭解投資規律和工具，不斷尋找報酬率更高的投資品。什麼是投資報酬率呢？即利潤與投資總額的比值。比如投資者投資 20 萬元買下某件藝術品，收藏十年後翻倍，其年化報酬率就是：

20 萬元（收益）÷20 萬元（本金）÷10（年）×100% = 10%

其次，金花了很多時間與多個國家的女性，面對面地溝通財務問題，分享自己財務自由的故事及經驗。在她的影響下，越來越多的女性花時間參與投資。這給予了金信心，讓她在投資的路上也越走越堅定。

金從小就確立自己的「財務邊界」，長大後不依靠先生、父母或其他人，堅持獨立生存。在她看來，只要女人願意為「財務獨立」花時間、花精力，就能實現財務獨立。

而她自己就是最好的見證。

▎財務獨立指南 2：具備成長型思維 [1]

當女人堅定了「財務獨立」的信念，準備往前邁步時，

腦海裡可能會冒出一個擔憂，自己就是普通人，不喜歡數字，投資知識也不豐富，真的能打理好自己的財富嗎？

所以第二條財務獨立的方法是：別害怕不擅長，培養成長型思維，努力學習。心理學作家卡蘿‧杜維克（Carol Dweck）發現，人的思維分為兩種模式：一種是固定型思維，一種是成長型思維。她做過一個拼圖試驗。固定型思維的孩子，嘗試無果後，會責怪自己記性不好。當拼圖的難度提高時，他們如果總是拼不出來，最終會選擇放棄拼圖。

成長型思維的孩子，當拼圖越來越難的時候，他們沒有抱怨遊戲變得不好玩，還不斷地給自己積極的心理暗示，最終把拼圖完成。

四十多年來，杜維克一直在論證不同思維模式與成敗之間的關係，最終發現：思維決定命運。固定型思維的人，用經驗來解釋世界。十分在意是否有確定的路徑、唯一的答案。具備成長型思維的人，開放地接納世界，認為學習應該像呼吸一樣無處不在。投資從不會到會，最簡單的方式就是去問、去學，尤其要向專業人士學習。

專業人士包括兩種：

一種是公認的投資大師和投資專家，比如華倫‧巴菲特

和他的搭檔查理 · 蒙格（Charles Thomas Munger）。他們每年在波克夏 · 海瑟威（Berkshire Hathaway）股東大會上的答問，以及為波克夏 · 海瑟威股東所撰寫的《致股東信》，都是非常寶貴的學習材料。

查理 · 蒙格說：「我的劍傳給能揮舞它的人……。」他的投資理念、簡潔、耐人尋味。蒙格的《窮查理寶典》（Poor Charlie's Almanack）內容精彩實用，是投資者入門的必讀書目之一。除了大師的書籍，還可以看看投資專家的書，讀大師的書，主要目的是自己修正理念。做對的事，要比把事情做對更重要。讀投資專家的書，能瞭解他們如何從大師處汲取營養，並融會貫通。掌握「學習方法」，比學習本身更重要。

另一種是「身邊的」專業投資人。

要向「身邊的」專業投資人學習，他們通常擁有三個主要特點：

一是經歷過一輪以上的牛熊市場，擁有不低於五年，甚至十年的投資經驗。

二是用自己的投資在市場上獲利，而且還在持續獲利。

三是他們選擇的產品，通常是普通人也買得起的產品，比如基金、債券等。

「身邊的」專業投資人的分享更貼近普通人。他們思考總結的財報分析、市場分析和持股分析，都會對我們有所啟發。學習他們的經驗，再用自己的實際操作去驗證，避免走冤枉路。我經常閱讀一些專業投資人在社群平台上發表的貼文，精讀他們的專欄文章和出版的書籍。推敲他們的理論，而非簡看他們買了什麼標的物，還要問自己以下三個問題：

第一個問題：他買進的邏輯和方法是什麼？我怎樣才能學會。

第二個問題：從過去到現在，他買進的方法出現哪些變化？為什麼？他如何看待未來。

第三個問題：他的選擇標的物時是否有侷限？我該如何結合自己的實際情況來規避。

很多人以為向民間專業投資人學習就是模仿，但越是習慣簡單複製他人的經驗，想得越少，就越容易在投資市場上虧損。

▍財務獨立指南 3：投資就像游泳，勤能補拙

學習知識僅僅是理財的一部分。在學習的基礎上，還要

增加足夠的練習，獲得實操經驗。就像學習游泳，先在淺水區識水性，學漂浮。熟練後，才能慢慢游到深水區。

這裡給女人的第三條財務獨立建議是：

女人要儘快行動。有時間積累，才可能讓投資帶來的改變顯現。

時間用在哪裡，其實是可以被看見的。你可以直接打開一本投資理財書，先看幾頁，把想法或不懂的地方寫在筆記本上。也可以嘗試先從熟悉的領域開始投資。如果買股票和基金，可先儘量找熟悉的行業和企業，而非追逐熱門的投資。

投資大師彼得·林區（Peter Lynch）曾說過：「每次去購物時，不管是吃飯，還是買東西，你都能學到有用的知識。看看什麼好賣，什麼不好賣。觀察你的朋友買什麼牌子的電腦，喝什麼牌子的飲料，平時上哪些網站看視頻，用哪家的快遞……，這些都是重要的線索，可以引導你正確投資股票。」

先從小筆資金開始，減少最開始時犯錯的成本。就像遊戲有輸有贏一樣，99.99% 的人都有可能會在投資犯錯。不斷嘗試，梳理投資邏輯，分散投資，才能幫助你在跌倒後爬起來，累積更多成功經驗。

你也許會擔心，自己能否堅持下來？萬一上述辦法都沒用，怎麼辦？

有這些疑慮很正常，你可以把它們當作等待行動檢驗的假設，而不是讓它們變成阻礙行動的藉口。就像減肥一樣，有誰從未懈怠和反悔過，心態放鬆，往往更容易堅持下去。

只要持續做出行為上的改變，就一定能從中獲得回報。總有一天，你的點滴投入會在某一個時刻彙聚成令人驚訝的力量。而這股力量將推動你走向自己嚮往的生活！

---

1. 由美國心理學家卡蘿‧杜維克（Carol Dweck）教授在其出版的《心態致勝：全新成功心理學（Mindset：The New Psychology of Success）一書中創造的專業名詞。

1.3

女人理財，請從寫下「幸福理財九宮格」開始

在開始進行理財大計之前，我想邀請你先寫下自己的「幸福理財目標」。

▌人生不該只有「金錢」這個目標

這個目標怎麼寫呢？

是寫一句話或是一個數字？還是填表？

我參加過一個女性私人董事會。當時正逢年初，會議地點是在一個環境清幽的茶坊。伴隨著陣陣茶香，主持人邀請在場的女性用九宮格的方式，寫下自己來年的新目標。

在紙上劃分好九個格子之後，我有點不知所措。在場的人紛紛要求主持人先讀一讀她寫下的新年計畫。當主持人讀完她的目標後，我在心中忍不住感歎「原來還可以這樣」！我多次聽過「人生不應該只有金錢目標」這個道理，但仍不自覺地習慣用金錢收入來評判自我的價值和意義。

創業後，經歷了一段時間的收入下滑，我陷入自我懷疑中。因為如果只從金錢這個單一面向來評價，我好像是做出了一個糟糕的選擇。而「九宮格目標法」，反而幫我拓展了人生目標的寬度。

　　我在中間的格子裡，填上自己的名字和填寫時間，在周邊的八個格子，則依次填下自己最想探索、實現的八個目標。當然，這八個方向可以因人而異。我依次在八個格子裡填寫的內容是：理財、家人、健康、事業、寫作、心理、學習、未知領域等，並簡單闡述每一個目標方向。

　　‧理財：更新家庭財富管理三張表（資產負債表、年度收支表、理財配置表），搭建一個適用於自己、有彈性的理財體系。將收入合理分配，分別滿足日常開支、急用、安全回報、中高風險回報四種情況。

　　‧家人：每年全家做一次體檢，每年登山一至兩次，每週末一起散步、聊天。

　　‧健康：每天運動，如跑步、做瑜伽、進行健身訓練。

　　‧事業：為女性提供理財成長諮詢和培訓，以及為學校、金融機構提供少兒財商線上線下課程。

　　‧寫作：每週發表五千字以上的文章。

・心理：覺察和管理情緒，嘗試每週反省二～三次。

・學習：重點學習投資、寫作以及經營知識。

・未知領域：嘗試一兩件以前從來沒做過的事，比如參加合唱團。

「九宮格目標法」讓我透過更具象的方式意識到生命的豐富性。此後，我每年都會用九宮格的方式，寫下自己新年的目標，提醒自己不要陷入過度熱衷追求財富的迷思裡。

▎寫下自己的「理財九宮格」

九宮格的方法源自「曼陀羅 1 思考法」。「曼陀羅圖思考法」是一種從中心向四周發散的思維方式。以中間為中心，向四周延伸出八個「母格子」。這八個「母格子」又可以各自延伸出八個「子格子」和一個中心格子。

嘗到新年目標九宮格所帶來，拓展認知的甜頭後，我又寫下了屬於自己的「幸福理財九宮格」。中心格子是理財，八個子格子分別是：存錢、生錢、花錢、護錢、金錢認知、金錢關係、財商教育和理財界限。在「理財九宮格」裡，我制訂了更具體，更具執行性的金錢目標。

女子幸福
財商課

存錢目標	生錢目標	花錢目標
護錢目標	念念有財的「理財」目標 × 年 × 月 × 日	金錢認知目標
金錢關係目標	財商教育目標	理財界限目標

1. 存錢目標

將家庭總收入的 50% 用來儲蓄，目標是安全，可隨時取用，投報率在 4% 左右。存錢指存入銀行，獲取利息的資金。這部分資金通常是存款，比較安全，可以用來應對失業、急病等不時之需。

2. 生錢目標

將家庭總收入的 50% 用來投資，目標是至少分散到三個投資標的中，年化報酬率約在 10% 左右。

生錢指家庭購買投資品產生的收入。投資品主要有兩類：一類是金融商品，包括股票、基金、債券、黃金等；另一類是非金融商品，包括購買店面、藝術品等。投資收入包括店面租金、購買分紅股或分紅基金的股息收入，以及出售股票、債券、不動產等獲取的收益。

3. 花錢目標

第一，根據前一年的收入，事先確定好每月的生活支出和理財支出的總預算，不得超支。教育金等大項支出不超過家庭開支的 50%。

第二，平時買東西，視需要購買，儘量不浪費。

花錢包含由出生至終老的所有生活支出，以及投資和貸款產生的理財支出。生活支出包括衣、食、住、行、教育、娛樂、醫療等方面的支出。理財支出包括貸款利息支出、保費支出以及投資手續費支出等。

4. 護錢目標

學習新的保險知識，按時交納保費，進行必要的家庭保險配置，如意外險、醫療險、壽險、投資型保單、車險等。護錢是指人身和財產風險管理。如預先購買保險，保護好家庭成員和已有財產，遭遇意外和損失時可以獲得理賠金，抵抗風險。人身保險產品包括壽險、醫療險、意外險等。財產保險產品包括火險、自然災害險等。

5. 金錢認知目標

獨立思考，建立合適自己和家庭的投資體系。反覆閱讀

與經濟、投資、認知類等內容有關的經典書籍，更要定期翻閱理財領域的書報雜誌。金錢認知指的是瞭解和認識對金錢的底層邏輯和投資策略、品種、方法。

6. 金錢關係目標

從自我層面，在金錢方面做一個自在的人，積極爭取但不執迷。推薦自己看過的好書，聽過的經濟、理財、商業等課程推薦給親友，與他們共同學習、溝通和進步。

金錢關係指自我、家人、金錢三者之間的流動與連結。

7. 財商教育目標

每年為孩子推薦約五本經濟、商業等書籍。每月至少和孩子有一次關於金錢的深入交流。財商教育指教育孩子如何看待和應用金錢，探究金錢與世界的關聯。

8. 理財界限目標，堅持「三不」原則

所謂「三不」原則即是，不把自己的錢全部投入一個投資品種中，不投不清楚投資標的的產品，不投溢價率過高的產品。理財界限指自己確定不做的事，它像一個「風險探測

儀」，控制著你的行為和選擇，為幸福生活保駕護航。

清晰的目標可以提升理財成功的可能性。這些目標寫下來後，可以每年檢視一遍，看看是否需要做一些微調。當我們深思熟慮，寫下切實可行的「理財九宮格」時，就不會被外界設立的高高在上、虛無縹緲的「財富自由」標杆所影響。所以，我再次建議你一定要寫一份理財九宮格。

▎通往幸福人生的橋樑

當我將「理財九宮格」的方法介紹給一些諮詢者，一段時間後，驚喜地發現她們身上發生了極大的變化。諮詢者小莉是一家五百大公司的部門總監。從前的她就像一個「效率機器」和「賺錢工具」，只關注是否達成工作目標，將薪資和職位提升作為衡量人生成功的唯一標準。她幾乎把所有的時間都用來精進工作和提升自我，理想地認為所有人都應該完美高效，人生的意義就是不斷賺更多的錢。

直到有一天，她突然發現自己喪失了感知幸福的能力。一切快樂都轉瞬即逝，在完成每一個目標之前，心裡充滿了比較、憤怒、厭倦、不服氣的情緒。

女子幸福
財商課

_____的理財九宮格

當她開始使用「理財九宮格」後,彷彿找到了一個通往幸福的大門。

小莉買了很多與幸福有關的書,從心理學到經濟學,從社會學到金融學,一直在探索幸福的真諦。

她開始書寫自己的目標。每當她陷入比較時,小莉就讀一讀自己的目標。這使得她逐漸放下對光鮮亮麗生活的執念,也放下了他人對自己、自己對自己的評價,簡單地做著喜歡的事情,幸福感也如期而至。

知名作家畢淑敏女士曾說過:「幸福,它如此溫暖動人,和財富密切相關,卻不止於此。享受幸福是需要學習的,當幸福即將來臨的時刻,你需要常常提醒自己注意幸福,就像在寒冷的日子裡經常看看太陽,心就不知不覺暖洋洋,亮光光。」

而制訂合理的「理財九宮格」目標,就像架起了一座通向財務獨立和幸福的橋樑。

1. 意指能幫助你找到自己真正想要的目標，並且做到如何達標。曼陀羅（Mandala）由「Manda ＋ la」兩個單字組成，是古梵文的音譯。「manda」的梵語本意是「本質、真髓、了悟、已成就的事物」；「la」則是指「得、所有、成就所有」。因此，總結其含義就是「獲得本質」。

CHAPTER 2

懂儲蓄的女人，
讓「選擇」更有底氣

就算我們不擅長投資，只要有目標、有規劃、有耐性地存錢，避免
大手大腳地花錢，也能成為「身邊隱形的財富自由人」。

2.1

找到「熱愛錨點」，妳也能存錢

　　華倫・巴菲特曾經說過：「開始存錢並且及早投資，這是最值得持續培養的好習慣。」而對於儲蓄這件事，我總有一個特別強烈的感受：一個人特別願意存錢，是因爲早早地便找到了一個「熱愛錨點」。

　　爲什麼？

　　跟大家分享一個你可能聽過「日本最省女孩」，三十三歲上班族咲小姐的故事。

　　她依靠省吃儉用，27 歲買下第一套房屋，價格爲 1,000 萬日圓（約合新台幣 196 萬元）。之後的六年，她又在日本東京都小平市先後買下了兩套房屋，價格分別爲約 1,800 萬日圓、2,700 萬日圓（總計約合新台幣 880 萬元）。

　　最開始，人們以爲她的「熱愛錨點」是買房，是財務自由。直到後來才發現，眞相並非如此……

　　咲小姐的「熱愛錨點」是心裡存著一個具備內在激勵作用的目標：她希望能在三十五歲時開一間貓主題咖啡廳。她

童年時和家裡的貓咪結下了深厚的友誼，貓咪死後，她傷心不已。愛屋及烏的她見不得流浪貓受苦，於是決心開個貓咪咖啡廳，收養流浪貓。

「把金錢和精力攢起來，用在自己心愛的事物上，我覺得這才是對自己負責。」咲小姐這樣說。

當媒體問她：「妳都已擁有三套房產了，可以不用那麼節省了吧。」

但她說：「我還要給貓咪買貓罐頭、貓砂、貓玩具、貓爬架啊……」每個人的「熱愛錨點」都不同。要想提升存錢在腦海中的重要序列，我們可以找一段安靜的時間，和自己獨處，並且自問自答，「為什麼我要存錢？什麼能夠真正驅使我花時間和精力存錢？」因為有存錢目標，我們能在一段時間存下錢。因為有「熱愛錨點」，我們才能一直堅持下去。

也有人說，我已找到「熱愛錨點」，可是卻依舊存不到錢啊。

那可能是因為你還缺少存下錢的「心法」。

▌存錢心法 1：先存錢，再花錢

有人說，我每個月「先花錢，再存錢」，其實這樣也不錯。但是「先存錢，再花錢」，妳能存下來的錢或許會更多。

假設你的月薪是每 5 萬元。先花錢，再存錢的做法是，花掉房租、日常開支、人情往來後，可能也就剩下不到 1 萬元，然後你會把 1 萬元存起來。這種做法沒什麼錯，但是沒有激發自我的存錢潛能，存錢效率比較低。

我們再來看看「先存錢，再花錢」的邏輯。

每月固定入帳的薪水 5 萬元，先存 3 萬元，對自己要求更嚴一點的再多存 5 千塊錢。剩下的錢再考慮怎麼花。這樣做真能夠存下更多錢嗎？

你要相信，人的潛能是可以極大被激發的，存錢可以更高效。「日本最省錢女孩」咲小姐月收入大約 6 萬元，她每個月可以存下收入的大部分。我並不推薦極致省錢，但是普通人通過提高存錢效率，將每月的存錢比例再提升 10%～20%，將存錢的預想年限縮短幾年，還是有可能的。如果你做不到現在就開始每月「先存後花」，也可以選擇在一年中「特別時刻」存錢。

這種做法會對於怎麼都存不下錢的人很有用。

你也可以選擇在拿到年終獎金、拿到公司發送的生日禮金、甚至是獲得一筆額外獎勵時，為自己多存下一份錢。日積月累，這也會是一筆不小的數目。而每存下一筆錢，便又離自己的「熱愛錨點」更近一步，這將會為妳帶來滿滿的成就感。

┃ 存錢心法 2：
計算當下和「熱愛錨點」之間的差距

你還可以計算當下和「熱愛錨點」差距，拆解存錢數額和時間長短，提高存錢的可能性。假設妳現在三十歲，每個月存 7 千元，一年下來能存到 8.4 萬元。而妳的熱愛錨點是「四十歲時開一家花店」，需要 100 萬的創業基金。

計算當下和「熱愛錨點」的差距為：100 萬元 ÷8.4 萬元／年 =11.9 年，換言之妳大約可在四十二歲時實現夢想。

如果妳因為加薪，每年能多存一些錢。又或者妳的理財能力不錯，存下的本金可以更賣力地為妳「工作」。這樣一來，妳也許不到四十歲便可實現夢想了。

請妳寫下來：

我的熱愛錨點是：_____ 歲實現 _____ 的願望，預計花費 _____ 元。

我打算每月存 _____ 元，_____ 元除以 _____ 元，約等於 _____ 月，約等於 _____ 年。

範例：

咲小姐的熱愛錨點是：三十五歲實現開一間貓主題咖啡廳 的願望，預計花費 310 萬元。

咲小姐每月攢 1.5 萬元，310 萬元除以 1.5 萬元，大約等於 206 個月，也就是十七年。

▍存錢心法 3：堅持儲蓄

暢銷書《鄰家的百萬富翁》（The Millionaire Next Door）的作者托馬斯・斯坦利（Thomas J. Stanley）和威廉・丹科訪談、市調了美國五百多個百萬富翁和一萬多個高收入者後發現：富一代並非想像中開豪車、住富人區、消費奢侈品的那一類人，他們大多數習慣開普通車甚至是二手車、住在普通社區、從來不買昂貴的商品來凸顯自己很富有……。

妳不信，那麼請看看其中一個百萬富翁的案例：

　　「我慶幸自己選對了人生伴侶，我們一起過著簡單的生活。在一起生活22年了，我們撫育了三個孩子，養了三隻狗和兩匹馬。我們住在現在的房子裡已超過二十年了。我是化學工程碩士，丈夫則是化學工程博士，如今他是一家化工公司的副總裁。」

　　我出生在偏遠地區，就讀高中時是一名資優生，更是家族裡第一位唸大學的高材生。大學畢業後，我和丈夫都找到了不錯的工作。我們把一個人的收入作為開支，將另一個人的收入存起來。加薪意味著我們可以存下更多。而我現在則是一名全職媽媽。

　　我們早就已是百萬富翁了。但考慮我們還有三個孩子都要讀大學，所以我們仍舊汲汲營營地賺錢。有時孩子們會覺得自己的家境似乎並不寬裕，因為我們經常吃超值菜單上的套餐。」

　　這對夫妻依靠辛勤工作、持續存錢、勤儉持家而成為百萬富翁，始終過著細水長流的日子。對於普通人來說，看完這個案例，應該都能得到一個特別鼓舞人心的啓示：就算我們不擅長投資，只要有目標、有規劃、有耐性地存錢，避免

大手大腳地花錢，未來也能成為「身邊隱形的百萬富翁」。

可能有人會對這樣的存錢方式不屑一顧，認為「這樣太慢了，我可等不了那麼久……，最好現在就實現財富自由。」可是你不知道的是，這樣的投資方式風險較小，也適合大多數人。在學習投資之前，我和身邊的朋友就是用這樣的「笨」辦法，一點一滴地把錢存進銀行，終於買下了屬於自己的房子。

存錢這件事雖然看似老生常談，但反而比提升收入、賺取收益更加可靠。因為這是所有和錢相關的事情中，唯一能完全由自己控制的一環。

聰明花錢，讓妳存更多

　　花錢和存錢，像擲硬幣時計算正反面。花錢少了，存下的錢就多了。可是，無處不在的推薦演算法和精準廣告，就有如魔法一般，能夠隨時掌握我們的快樂、渴望、恐懼、焦慮，常常讓人不知不覺花得太多。

　　不知道你是否有類似的體會：

　　雖然沒有買東西的打算，但直播間的氛圍讓你感覺「不買就虧了」，一不小心買了一堆東西；看到庫存緊張、秒殺、限量就會忍不住「剁手」，錯過就像損失了一筆錢；網上下單實在太方便了，一年到頭，有二百天吃飯都是靠外賣解決，出門主要靠打車；買課程，買潮牌，買虛擬物品……為自己的喜歡花錢時，所有賺錢的辛苦彷彿都值得了。

　　現在，可以購買的東西如此豐富。在「物品、時間、心理、觀念」等一切皆為消費品的社會裡，如何理智消費實在是一件極具挑戰的事情。

「快思考」是衝動花錢的根源

為什麼花錢時會衝動？

為什麼會花錢購買非必要的物品？

這實際上是大腦的決策機制在產生作用。

諾貝爾經濟學獎得主、美國普林斯頓大學心理學和公共關係學教授丹尼爾．康納曼（Daniel Kahneman），曾將心理研究領域的綜合洞察力應用在經濟學當中，並且透過大量的研究理論，證明了人類到底是如何做出各種非理性的決策。

丹尼爾認為，人類的思考模式可以拆分成兩個系統：快思考和慢思考。快思考是依賴直覺、無意識的思考，這個直覺多半是與生俱來的判斷和反應。慢思考是需要主動控制、有意識進行的思考。由於思考過程中需要不斷調用積累過的知識和審視已知條件，花費時間比較多，所以叫做慢思考。

我們花錢時常常依賴「快思考」，儘管由它所做出的決定常總是不合理。因為大腦會「偷懶」，不喜歡努力思考。以快思考的「錨定效應」（Anchoring Effect）為例，錨定效應指買東西時，會有先入為主的印象。假如一件商品在一段時間標明「限購十件」，另一段時間什麼也不標。不限購時，

以 0 件爲錨，我們可能只買一件。限購時，大腦不知不覺以十件爲「錨」，讓人忍不住多拿幾件。

再以「稟賦效應」（Endowment Effect）爲例。稟賦效應指擁有一件物品後，對物品價值的評價會更高。有時候，商家會給我們寄送商品，並申明如果不滿意可以退還。但是在「稟賦效應」的作用下，人們對商品的評價高於沒有擁有這件商品的時候。所以，大多數情況下，就算我們不一定特別需要這件商品，通常也會選擇付款收下。

花錢投資時也會出現類似的情況。

有時候，當我們買進某一檔股票後，心裡便往往會格外看好這家公司，不論漲跌都捨不得賣出。生活中的很多時候，大腦無法時刻保持理智，還很容易受到各種因素的影響，進而做出不理智的決定。

「慢思考」花錢的五種方法

如何才能多做出理性的決定呢？

我們可以嘗試著在花錢時，「看見」大腦非理性的一面，有意識地放慢思考，並對快思考的結果，進行理性檢驗。

下面容我分享自己經常使用的一些方法：

1.「平衡預算」檢視法

如果有特別想買的非必要物品，請統統放到購物車裡，或是寫在購物清單上。等到月底時，再看看自己當月的預算額度還剩多少。比如預算額度 3,000 元，花了 2,500 元，就從購物車裡挑出最想買的，並以不超過 500 元的東西下單購買。

將原本幾小時的購物決策時間拉長到一個月，讓自己有更充裕的時間，理性思考。

2.「長期投資」花錢法

日用消耗品可在打折時購買。至於使用頻率高的耐用品，請在合理的範圍內，價格就算貴一些也可以接受，因為折算下來，單次使用成本很低，還能帶來無盡的好心情。如果買不到自己喜歡的耐用品，寧肯多等一等。

我曾經想買一個水晶杯，但卻始終找不到喜歡的款式。有一次，在一家手工藝店看到了一個顏色就像日落晚霞的水杯。雖然價格比普通水晶杯貴上幾倍，但依舊毫不猶豫地買下。每天用這個水晶杯喝水，就算再平淡無味的白開水，彷

彿也因此有了一股特別的味道……。

3.「延遲滿足」花錢法

延遲滿足可以讓自己在等待期間獲得快樂，拉長幸福感。

和家人一起自駕旅行一直是我的夢想，為此，我特地提前一年開始存錢。每個月存錢時，一邊去計算自己距離夢想實現還有多長時間，一邊做路線策劃。這個期待的過程，就如同小時候留下一罐巧克力糖，日後再慢慢吃掉那般幸福。

英國哲學家C・S・路易斯（Clive Staples Lewis）曾說過：「快樂不是對渴望的滿足，而是渴望本身。」

4.「重點開支」優化法

每年抽出幾個月，尤其是新年期間或是孩子放寒、暑假等，開支較大的月份，試著用試算表或記帳軟體詳細記錄每筆支出，之後進行分析和優化。又或者，過年放假時選一天打開信用卡電子帳單，找出排名前十位的支出，看看自己一整年下來，究竟都把錢花到哪裡去了。

待找到這些大筆支出項目後，再根據「二八原則」進行

重點優化。比如發現自己在家電型商品的支出最多，那麼便可定出隔年的家電預算額度，一旦超出預算額度後就推遲購買。但若需求實在很迫切，那麼也不妨削減其他不太緊急的開支，騰出一些額度來選購。總之，就是不要超總預算。

　　每個人避免非理性消費的方法都不盡相同。關鍵在於這個訊息日新月異的世界裡，請不妨讓思考慢一點，花錢慢一點，這樣一來，心情應該也會好一點。

如何讓妳賺更多？

　　對於偏好低風險的女人來說，把錢存進銀行是一種安心的選擇。在點點滴滴的日子裡，存款始終會爲她帶來安全感，甚至還能在緊急的時候救急。

　　如果手上剛好有一筆現金，妳應該怎麼選擇適合的金融商品，衝高投資報酬率呢？

▌第一招：
大額定期性存款（certificates of deposit，CDs）

　　又稱存款證書、存款憑證、存款單，是商業銀行定期存款的一種，通常由銀行及存款機構所發行的財務產品。存款證書與一般的活期存款同樣是受到保障和幾乎沒有風險，不同之處在於定期存款單期限不低於七天，金額爲整數，通常在到期之前可以轉讓。

　　手上有幾十萬元，購買大額定期性存款比較合算。由於

每個銀行執行的利率不一樣，可以多去幾家銀行進行比對。大額定期性存款是目前存款產品中收益較高的。但是從歷年趨勢來看，近幾年大額定期性存款～的利率在下降。不妨購買三年期以上的大額定期性存款，這樣能提前鎖定未來幾年的收益。

1. 報酬率

大額定期性存款仍有一些缺點，就是單利。單利只有本金產生利息。這時候，如果我們能找到按月付息的大額定期性存款，相當於每個月都能收到一筆「固定收入」。之後，再用這筆「固定收入」去投資基金，假設年化報酬率是 8%，就能得到一筆不錯的複利收益。

目前在全台四十一家銀行大額存款台幣定儲 - 牌告利率，一年期固定利率落在 0.39% ～ 1.72% 之間，其中提供最高 1.72% 利率的是台中銀行，而通常越長的存款期間會有更好的利率，以台中銀行為例，提供一年期 1.72%、二年期 1.37%、三年期 1.37%（資料更新至 2024.06.13）。

與按年付息相比，按月付息可以使利息和本金一起滾動產生收益。不過，投資指數基金需要能承受一定的風險，最

好量力而行。

2. 安全性

　　大額定期性存款是存款類產品，安全性很高。大額定期性存款係指每筆存單金額達五百萬元（含）以上，惟不包含基層金融機構、中華郵政轉存款。

　　要特別注意的是，存款保險只針對銀行存款，其他金融產品是不在保障範圍內的。如果銀行破產倒閉了，我們在這家銀行購買的各種理財產品，是不會理賠的。

3. 若急需用錢，如何挪用大額定期性存款？

　　大額定期性存款可以轉讓、質押、提前支取。所謂轉讓，就是你可以把未到期的大額定期性存款轉給其他人。舉個例子，你存了 200 萬元，三年期大額定期性存款，存款利率 3.3%。還剩餘 963 天，這時你急需要用錢，可以通過手機銀行發布轉讓大額定期性存款需求，並自主定價，比如確定年轉讓價格 204,070 元，到期預測年化利率為 2.94%。

　　雖然大額定期性存款有轉讓功能，但並不能保證一定能轉讓成功。

對於轉讓不成功又需用錢的，可以根據實際情況，辦理存單質押貸款。即借款人拿大額定期性存款～做質押，向銀行或者其他可以發放貸款的貸款機構申請貸款。除了質押，也可以選擇提前支取。如果提前支取，大額定期性存款只能按活期計息，不太合算。

▌第二招：國債

如果手上有不到 10 萬元打算存入銀行，國債是比較合適的選擇。

國債，簡單來說，就是國家找我們借錢後開的「借據」。因為有國家信用做背書，所以它的安全級別很高。國債一般可用來打理三至五年內都用不到的資金。

我通常會給新手的投資建議就是「不虧本」，故而「債券」這時就是一個好選擇。雖然股票賺得多，但保守德投資也是一種方式。畢竟購買體質良好的債券基金，並長線持有友也是一種賺錢的方法。

說到債券的獲利來源，主要有以下三個方向：一是利息，也就是是不管市場利率怎麼變動，都會依照當初約定好的利

率，發還紅利到時候總共拿回多少錢。二是賺價差，畢竟一旦市場上的供需出現變動，便會使債券的「市價」產生變動，就像股票一樣，因此你可以逢低買進，等價錢變高了再賣掉，賺取價差。最後是配息，就像買股票一樣，如果基金公司有賺錢，也可能配息。但要注意有些債券型基金、債券型 ETF 會以「配息」來主打販售，如果基金表現不如預期，你還是一直有領到配息，要小心可能是基金公司「動用募資資金」來配息的。

台灣坊間目前常見的債券大致，可分為以下三類：

1. 單一債券。全球最著名的單一債券就是「美國公債」，由於穩定度高，甚至被視為是一種經濟指標。台灣其實也有政府公債，投資門檻最低是 10 萬元，但由於台灣公債十分穩定，所以通常一推出就被銀行、證券商買斷，一般投資人不太容易買到，所以才會出現台灣金融市場幾乎沒有散戶投資人擁有「債券」的情況。

2. 債券型基金。債券通常一張就很貴，台灣規定的最低買價就是 100 萬元，我們一般投資人多半買不起。因此，許多人投資債券其實並非真的買債券，而是**購買債券型的基金**！也就是透過某一檔基金來募資，之後再拿去買一籃子的

債券，讓投資人間接買到債券。

3. 債券 ETF。債權型 ETF 和其他 ETF 一樣，通常會追蹤某一個指數，之後再根據指數中，債券的帳跌走勢，將其反映在指數和債權型 ETF 的報酬率上。

▌第三招：結構性商品

簡單說，「結構型商品」就是結合固定收益商品及衍生性金融商品而來的一種投資理財商品。

一般可透過固定收益之商品孳息、其部分或全部之本金來投資衍生性金融商品，進而達到增加投資獲利的目的。一般像是存款、債券或黃金等商品，而衍生性商品則包括匯率、利率、股價、債市、商品及信用等衍生性商品。而依照信用風險的對象不同，一般又可分為「結構型商品」（Structured Investment ／ SI）[1] 及「境外結構型商品」（Structured Notes ／ SN）[2]。

最後提醒一下，除了大額定期性存款、國債、結構性商品外，銀行還有大量理財類產品。

銀行理財產品大部分並不保證本金的安全。銀行會根據

不同風險等級給理財產品進行劃分，而針對基金做信用評級，而台灣目前是除了歐盟以外，唯一有執行風險評級標準的國家。而是參考歐盟 UCITS 基金[3]揭露「綜合風險與回報指標」（SRRI）作法，「投信投顧公會」公布風險等級的分類標準，依照基金類型、投資區域或主要投資標的／產業，由低至高，共可分為「RR1、RR2、RR3、RR4、RR5」等五個風險報酬等級。

也就是說，RR1 的風險最低，但報酬率也最少，以此類推到最高風險的 RR5，代表有機會賺取最大等級的報酬，但相對地，也需要承受最大的虧損風險。如果投資人屬於最高風險報酬級別的 RR5，那麼除了選擇 RR5 的商品，也能選擇其他四個級別的商品。

1. 投資人把錢存進行金，決定想要參與的市場（也就是連結標的物）。之再透過交易連結標的相關之衍生性金融商品，進而達降低風險或增加潛在獲利之目的。

2. 係指由境外發行機構發行，透過固定收益商品結合連結股權、利率、匯率、指數、商品、信用事件或其他衍生性金融商品，以債券的形式發行。

3. 是 Undertakings for Collective Investment in Transformable Securities 的縮寫，因為由歐盟制定，一般又可稱為歐盟可轉讓證券集合投資計劃。簡單說就是在歐盟相關法令規範下的一種共同基金。

CHAPTER *3*

女人理財，
「合適」比「賺錢」重要

投資是一個持續學習、磨煉心性的過程。能力一旦提高，便能更妥善地應對風險，長期穩定獲利。

成功的女性投資者從來就不愛冒險，她們其實是一群更善於控制風險的人……。

3.1

理財最佳方程式：低風險的投資

　　某一家基金公司曾經針對三百多位基金經理人做過市調，從中發現女性基金經理人和男性基金經理人相比，長期投資報酬率差別不大，但風格卻截然不同。

　　女性基金經理人更加注重風險管理，業績波動小，在熊市時更顯抗跌。反觀男性基金經理人喜歡冒險，業績波動大，倒是在牛市時，上漲空間較大。

　　普通的女性投資者和女性基金經理人的特點很相似，通常不願冒很大的風險，偏愛穩健的投資策略，交易頻率普遍比男性低。

　　一般來說，越是掌握家庭「財政大權」的已婚女性，越是偏愛低風險投資。因為已婚女性不僅要考慮打理日常收入，平衡家庭生活開支，還要全盤考量孩子的教育規劃、全家的退休養老基金的籌備等各種情況。

如何讓投資穩步增長

低風險投資，是指在安全可控的情況下，保持穩定的正向收益，實現家庭財富的穩定增長。與追求「短平快」的高風險投資相比，這種穩步增長的方式，反倒更能帶來高額回報。

不信的話，請看以下這一組資料對比。

Q：假設以同樣的本金，投資二十年，以下三種情況，哪種方式獲利最多？

第一種方式：每年獲利 15%。

第二種方式：前十九年每年獲利 15%，最後一年虧損 50%。

第三種方式：獲利 50% 和虧損 20%，以此輪番交替出現。

三種不同的投資風格，二十年後的獲利也截然不同。

建議大家不妨先想一想，再看後面的答案。

你的答案是 ＿＿＿＿＿＿＿＿。

現在來揭曉答案：

第一種方式獲利最多：由於追求平穩的收益，二十年後總收入約為最初的 15 倍。

第二種方式獲利居中：前十九年都很穩定，最後一年因為激進或其他原因，導致虧損較大，二十年後總收入約為最初的6倍。

　　第三種方式獲利最少：大起大落的投資風格，二十年後約為起始金額的5倍。獲利多的時候，收益很可觀，但最終投資報酬率還不如每年獲利15%，因此是最後一名。

　　你答對了嗎？

　　巴菲特有一句名言：「只有等到潮水退去時，你才會知道誰在裸泳……」為了追求高收益而承受過高的風險，這將不利於長期投資，如果出現極端情況，很容易永久失去本金。而長期穩定的投資，透過複利的威力，可以獲得非常可觀的回報。以巴菲特為例，在他長達五十三年的投資經歷中，僅有2001年和2008年投資報酬率為負，並且僅有一年投資報

酬率超過50%，堪稱「低風險策略下的常勝將軍」。

為什麼巴菲特能數十年如一日持續穩定地獲利？

這裡有個關鍵因素，那就是投資能力。巴菲特很清楚自己投資的每一家公司的增長邏輯，無論是可口可樂，還是蘋果、亞馬遜等公司，他都有足夠的經驗和判斷能力。對普通人來說，堅守也是一種投資能力。無論在哪個領域，能夠堅持做一件事長達十年，都很難得。

投資是一個不斷學習、磨煉心性的過程。能力提高了，才能更好地應對風險，長期穩定地獲利。成功的女性投資者，從來都不是冒險的人，而是更善於控制風險的人。

▌借鑒「清倉特賣」的經驗

執行低風險投資策略時，最重要的一點就是買得便宜。你想想，一件好東西，100元的時候爭著要買。當它跌到10元的時候，還是那件東西。這個時候買下是否更划算？

一旦10元的東西重新回到100元的價格，就能夠獲利。就算跌了，它的下跌空間也很有限。買便宜貨不一定確保獲利，但是獲利的概率比較大。當然，前提在於買的是好東西。

「華爾街女巫」海蒂 · 格林（Hetty Green）堪稱投資界執行「清倉特賣」的始祖。她在二十多歲時就表示：「致富沒有秘訣，你所需做的只是低買高賣、節儉、精明，並且堅持不懈。」美國南北戰爭時期，她在面值 1 美元的美國債券跌到 40 美分時，大量購入，一舉獲得了超過 125 萬美元的利潤。1890 年，金融危機爆發引發恐慌情緒，她等待股市到達最低點後，開始大筆投資鐵路股票，又大賺了一筆。

　　對於女人來說，發揮好善於精打細算的特長，在市場低迷的時候，像「清倉特賣」一樣，挑選價格趨於合理，甚至是很便宜的優質股票、基金、可轉債，納入自己低風險投資組合中，拉長時間，將獲得不錯的回報。

　　如果你相信某家公司的長期獲利能力，現在只是暫時困難，股票價格下跌不少，下跌以後的股票價格也讓優質公司的股票顯示出吸引力。這個時候，就可以趁便宜買進心儀公司的股票，為今後的長期增長打好基礎。

　　當然，「清倉特賣」的時候，也要做好自我保護。就像最厲害的登山高手，從來不會因為技術高超而不做防護措施。

　　這類投資最好用手中的一部分資金，而不是所有的資金。因為將資金全部押在一檔或某一類型的股票上，其風險

可能是毀滅性的。畢竟當該行業出現震動，導致絕大多數該類型的股票價格大跌時，你之前辛苦累積的財富，可能就會瞬間化為烏有。

就算你想用時間換空間，等待股票重新回升，但是市場持續低迷的時間往往比想像中更長。在行情大跌時，大量負面分析的傳播可能會破壞人的正常思考能力，導致有的人拿不住手中的股票。而執行「清倉特賣」的低風險收益策略的人，面對下跌時，心態更輕鬆，也更容易堅持。

▌定期定額投資，要有耐心

常常有諮詢者詢問，執行低風險策略時，有沒有適合平時特別忙碌的女性的方法呢？「定期定額」是一種不錯的方式，可以 明女性在工作和家務之餘進行投資，輕鬆而不過分焦慮。

「定期定額」一般是指在固定的時間，以固定的金額，買入某檔基金產品。比如選擇每個月的 15 號，將 1 萬元投資到指數型基金或主動型基金中。「定期定額」的原理是用分散入場的方式來化解購買基金時機不當的風險。假如，每個

月固定期定額資 1 萬元，當基金面值為 1.5 元時，獲得份額約為 6,666.66 份。當基金面值回落到 1 元時，獲得份額為一萬份，而當基金面值跌到 0.5 元時，獲得份額為 2 萬份。

忽略手續費的情況下，定期定額攤薄了的平均每份的購買成本，僅約為 0.8182 元。一旦基金上漲，就能實現可觀的獲利。如果不採用定期定額，而是在基金淨值為 1（取中間值）時一次性買入，每一份的購買成本為 1 元，與之前每一份的購買成本 0.8182 元相比，每一萬份的購買成本足足多出 1,818 元。如果購買 10 萬份，就會多出 18,180 元。

定期定額是一個「微小的習慣」，但是堅持下來，回報巨大。習慣養成專家詹姆斯‧克利爾（James Clear）說：「隨著人將微小的變化層層疊加，人生的天平開始偏移。每次改進就像在有利於你的天平的一側添加一粒沙，使它慢慢地偏向你。假如你能堅持下去，最終你會達到產生重大偏轉的臨界點。」

定期定額最大的挑戰是考驗恆心和耐力，但這恰好也是女性的優勢。堅持定期定額，等待過程雖然漫長，但時間將回報我們最美的玫瑰……。

3.2

不上班也有收入：ETF

　　如果說白衣黑褲是女性穿搭的基本款，簡潔、好看且不過時，那麼 ETF（Exchange Traded Funds）則堪稱是女性低風險投資的基本款，相對安全又安心，報酬率比銀行定存還高。

　　ETF 是縮寫，英文全名是 Exchange Traded Funds。在《證券投資信託基金管理辦法》中即明確定義了 ETF 的正式名稱為「指數股票型基金」。其性質介於股票及基金之間，除了具有比基金更低的成本、風險，更擁有節省時間的特色。而跟基金一樣，ETF 可投資於不同的金融產品中，不論是股票、債券、房地產、原物料等皆用 ETF 來投資。

　　投資指數型基金最大的好處是「長生不老」。單一個公司有自己的生命週期，會生老病死，獲利不會持續上漲。對指數來說，可以通過定期調整的方式，吸收新的、獲利的公司，以此替換虧損的公司。

　　透過這種方式，ETF 可以實現投資獲利持續上漲的目標。

▎ETF 的種類、交易時的注意事項

購買 ETF 時，還有幾個注意事項：

1. 台股 ETF：單筆交易，一次買一張

台股的基本交易單位是「一張」，也就是 1,000 股。舉例來說，現在「台灣 50」（0050）的股價為 192.5 元，這是指每股的價格，那麼一次若要買一張，那就是 192.5 × 1,000 ＝ 192,000，也就是 19.2 萬元。所以不管你是要買一張還是一百張，只要是以「張」為單位，可以直接在券商下單進行，方式跟買台積電、鴻海的股票一樣。

至於手續費也跟股票一樣，索取千分之 1.425，但通常也會有打折，如果是電子下單，35 折以下算是合理的折扣，算起來大概就是 0.05%，也就是每萬元大概是收取 5 元的費用，但通常會有最低消費金額 20 元的限制。

2. 台股 ETF：定期定額，每個月固定金額買進

如同前面所說，「台灣 50」（0050）現在一次買一張，得存到 19 萬元，對小資族來說其實是不小的金額。過去只要

用小額資金投資 ETF，比較常見的是在盤後進行零股交易，但常因價格不理想便算了，倒是其中最嚴重的問題是：零股交易量太小，就算想買都買不到⋯⋯。

後來，金管會推動券商承作定期定額購買股票與 ETF 的業務，如今已開辦該項業務的券商開始變多，最低金額也設定為每月 3,000 元，但是這並不是全面性開放，許多自有投信的金控券商，目前只開放可定期定額自家發行的 ETF。另外，這是特別約定的下單方式，所以如果戶頭裡沒錢，這就算是下單失敗，「不會」變成違約交割，投資人大可放心。最後是手續費，每家券商收費準不同，不妨多多加比較。

3. 美股 ETF：透過海外券商交易

不管你是想要投資一檔 ETF，解決股債配置的 iShares 核心積極配置 ETF（AOA）[1]、一檔 ETF 投資全球股市的 VT（Vanguard 全世界股票 ETF），或是最知名的 SPDR 標普 500 指數 ETF（SPDR S&P 500 ETF Trust：SPY）[2]、QQQ（Invesco QQQ Trust）[3] 等，其實都可以直接在美國的券商開戶。美股的交易單位為 1 股，所以也沒有什麼購買零股或定期定額的問題。以目前 SPY 的股價約 551.46 美元來說，買進

一股就是 551.46 美元。

對長期投資人而言比較不方便的是，美股 ETF 現在並無定期定額方案，所以要比較麻煩每個月自己下單交易，但因為 1 股換算成新台幣也不算小額，所以可能是以「定期定股」的方式進行。

順帶一提的是，海外券商的匯款成本高，即使是每個月定期定額，最好一次就會投資一年左右的投資金額。然而，央行又有外匯管制，一次匯款超過新台幣 50 萬元就需要申報，這部分務必要要審慎評估。

最後是手續費，現在美股的券商進入價格肉搏戰，基本上是不用手續費的，有意開戶的投資人不妨參考看看。

4. 美股 ETF：透過國內券商「複委託」買進

如上所述，海外券商的匯款成本高，如果交易金額不大，海外券商未必是最佳選擇，加上若同時交易台股 ETF，可能國內券商的「複委託」也是一個可行的辦法。

但是，相較於手續費 0 元的海外券商，複委託的手續費動輒 35 美元起跳，這是最低消費金額，如果大額還會算比例計費，一般來說要 0.2%。假設你要買 100 股 VTI（Vanguard

Total Stock Market ETF）⁴，現在股價 270.71 美元，這筆交易的金額是 270.71 美元，0.2% 就是 54 美元，低於 35 美元，所以還是要收 35 美元。你會發現，要超過低消還真不容易。

所以，小額的投資人，請自行衡量手續費和匯款成本哪個比較划算，若手續費多，那就選海外券商吧，但若匯款成本高，請不妨選擇複委託；倒是大額且頻繁交易的投資人，建議還是選擇海外券商吧！但如果是大額且長期持有的投資人，複委託其實是不錯的選擇，遺產與贈與等稅務問題也比較好解決。

5. 美股 ETF：銀行的財務管理，以「信託」投資

不少銀行提供「財務管理」的服務，內容包羅萬象，從海外債券、美股、港股、特別股以及各種結構型商品，當然現在最流行的海外 ETF，也是其中一項。

台灣的投資人還是以共同基金為主要投資工具，所以在銀行開立理財帳戶後，同一個帳戶要投資美股 ETF 也相對簡單。從實務層面來說，銀行的理專會推薦投資人購買並賺取佣金，而上述的四個管道，基本上都不會有專門的業務來向你推銷，所以銀行通路的接受度，其實不低。

不過請注意，你其實是以「信託」的形式，透過銀行通路投資美股或港股的 ETF，不但手續費會比上述通路高，更要額外負擔信託管理費，每家銀行的費用差異甚大，投資前請務必問清楚相關費用。

　　近幾年，ETF 可說是大行其道，但要怎麼買？相信每個人都有習慣的通路，交易頻率和資產規模也不同，所以，上述五個投資管道，其實並無最好或最差的分別。但站在投資的角度，筆者還是要建議大家試著找到一個最適合自己的方式。

　　總之，釐清自己的需求後，相信你也能找到最適合自己的投資模式。

----

1. 又稱「核心積極配置 ETF」，由 iShares 於 2008 年 11 月開始發行，是追蹤 S&P Target Risk Aggressive Index 的指數。其特點是結合股票和債券，並以股票為主，約佔投資組合的 7 ～ 9 成。

2. 1993 年成立，由 SPDR 公司發行（STATE STREET，美國道富集團），是全球規模最大、交易量最大的 ETF 之一，是美國第一檔，也是歷史最悠久的 ETF，更是全球管理資產規模最大的 ETF.

3. 成立於 1999 年，由美國 Invesco Power Shares（景順投信公司）發行，持股數量為 102 檔，追蹤 NASDAQ-100 Index（那斯達克 100 指數）。這個指數中的股票是在那斯達克證券市場上市的 100 家最大的公司，並以市值計算，基金和指數每季會重新平衡一次，每年重新組建一次。

4. 追蹤 CRSP 美國總體市場指數的表現，主要投資在美國區域，涵蓋美國大、中和小型股，是一個投資美國整體股市的 ETF。投資 VTI，就是可以投資整個美國市場的意思。

進階理財：主動型基金

你若無法滿足於投資 ETF 的獲利，加上又喜歡花時間研究基金經理人管理風格、各式金融商品差異以及歷年投資績效等，那麼亦可拿出一部分資金來購買主動型基金（Active ETF）。

購買主動型基金，就像去二手店裡挖寶一樣，大家依靠的是精準的眼光和豐富的閱歷，那種愉悅會好似麵糰發酵一般地徐徐增長……。

▎選擇「有年資」的基金經理人

主動型基金又稱主動型 ETF，是指透過基金經理人的選股策略來選股，並在證券交易所掛牌交易的 ETF，過去台灣投資人所熟悉的 ETF，大多是追蹤某檔指數的被動型 ETF，在市場激烈競爭的影響下，新推出的被動型 ETF 的選股條件，早已漸趨複雜或出現同質性過高的問題，故而也讓許多投資

人完全弄不清楚自己投資的 ETF 到底是怎麼選股的？因此，主動型 ETF 順勢出現……。

對新手投資者來說，最好選擇從業時間超過五年的基金經理人。基金經理人的成長過程，通常要從研究員開始做起，再逐步升級爲助理基金經理人，最後方可蛻變成爲基金經理人，這個過程最少需要五年的成長期。

而海外市場培養基金經理人，一般都要花上十年左右才行。而根據統計，股市要走過完整一個輪迴的牛市和熊市週期，時間大約是七、八年。

牛市裡獲利比較容易，而熊市才是考驗基金經理人能否控制風險，守住本金的關鍵時刻。

評價一名基金經理人的能力，要看穿越牛熊週期後，是否依然能保持 15% 以上的年化報酬率。對基金經理人來說，就算可以在短時間內學習到夠用的知識，但是對於因應市場波動的「手感」，則往往很難在短時間內培養出來，這除了需要時間沉澱，更得具備悟性。

就像只有真正具有年代感，而且還有獨特風格的物品，才有資格稱作古董。

選擇五年內「績效排名前五名」的基金

主動型基金是否有持續收益，且歷經時間考驗，也是重要的考量因素之一。我們通常在選購基金的時候，常常會看到一些「明星商品」掛在首頁，近一年投資報酬率高達35%以上，特別誘人。這就像買衣服追求流行趨勢，可潮流一直在變化。

冠軍基金很少蟬聯。每年的市場熱點，如房地產、消費、醫藥、新能源等也在不斷變化。所以，觀察投資報酬率時要格外小心「冠軍魔咒」，即當年表現數一數二的基金，通常隔年的表現往往不盡如人意。

建議你在購買基金時，不要只看當下投資報酬率，最好觀察其三～五年的投資報酬率，甚至拉長到十年以上的總體投資報酬率都好。有人或許會說，歷史投資報酬率並不代表未來，不過一位成績優異的好學生，往後繼續保持好成績的可能性往往更高。所以，選擇一檔長期保持「優異成績」的主動型基金，勝算肯定更大。

有時候，一檔基金五年業績都不錯，真正原因可能是行

業估值持續提升。又或者，因為市場風格切換，某年某個風格的基金經理人排名市場前列，當第二年市場風格切換時，第一年排名靠後的基金經理人，其業績可能又往前擠了。

　　所以，待釐清基金經理人在行業內的管理口碑、投資邏輯和優點與劣勢之後，再來考慮是否要買進、買多少，這才是正道。

▌選擇「適合自己」的組合

　　假如確定了基金經理人從業五年以上，年度業績亦在15%以上，那麼又該如何篩選基金呢？

1. 觀察基金經理人的投資觀，是否「知行合一」？

　　基金業績是基金經理人對股市的認知結果。最好選擇與自己的投資觀念相同的基金經理人，就像交朋友一樣。瞭解一個基金經理人的投資觀，主要看他選擇的基金持倉時間特別長的品種，以及評估基金經理人買賣該品種的時間節點，在什麼樣的估值區間買入。

　　例如你看好擁有「護城河」的績優股，可以選擇擅長購

買成熟行業、優質龍頭公司的基金經理人；要是你看好 AI 科技或生技業的未來，可以選擇擅長該產業投資的基金經理人。

基金經理人的「知行合一」很重要。因爲這樣才能避免陷入「基金盲盒」[1]的窘境，我曾經試著閱讀基金季報和年報，我發現有些基金經理人不僅會總結過往投資情況，分析感興趣的行業或主題，還會對未來做出展望，有助於瞭解其投資風格。

2. 瞭解基金經理人的管理規模

根據投信投顧公會統計，截至 2023 年 12 月底，台灣 ETF 的數量共有 227 檔，市場規模達到了 3 兆 8,542 億元，較上一年底增長了約 1.5 兆元。其中，前三名資產規模分別是元大台灣 50（代號 0050：總資產約合 3255.24 億元）、元大高股息（代號 0056：總資產約約合 2928.40 億元）和國泰永續高股息（代號 00878：總資產約約合 2844.81 億元）。

ETF 資金規模的增加，既可反映市場對該檔 ETF 投資策略的接受程度，此外也具備投資價值的參考性。規模較大的 ETF 通常管理費用較低，投資者可從中獲得更高回報。其次，ETF 資產規模的增長，甚至意味著該檔基金所持有的資產組

合更多樣和穩定，可有效降低投資風險。

此外，這些大型 ETF 通常流動性更好，方便投資者更具彈性地買進和賣出。

3. 確認該檔基金的各項費用

別小看主動型基金的交易費用，可能不知不覺就吞噬掉了你的投資收益。

假如一個人有 1 萬元的資金，又喜歡不斷換基金，一年下來就換了五次，每次持有時間約一個月。那麼合計下來，每年投資基金所需耗費的手續費就要幾百元。加上若基金本身也未獲利，那不是就虧大了。所以，買進基金之後務必要長期持有，免得花太多手續費。

基本上投資基金大概有以下這四筆費用要考量，分別是手續費、贖回費（信託管理費）、管理年費（經理費）以及保管費，而這四個投資基金時的主要費用成本，常見的計算原則是：

· 手續費：在購買基金的當下就會列出，並於投入本金之外再單獨收取。

· 贖回費：在贖回基金當下才會列出，並從可贖回的總

金額中直接扣取。

　‧管理年費：在計算基金淨值時，就已預先扣除。

　‧保管費：在計算基金淨值時，就已先行扣除。

　因此，在一般狀況下，管理年費與保管費可被視爲在基金淨值變動之間的內化成本，不必再額外計算，但手續費與贖回費就必須納入考量，這樣才能衡量出該檔基金眞實的投資損益。

4. 瞭解基金的換手頻率

　換手頻率的高低，反映了基金買賣股票的頻繁程度，換手率較高，比如持續超過 200% 甚至 250%，此一現象說明了基金經理人操作頻繁，投資風格比較靈活，投資收益主要來自選擇時機點所帶來的波動收益，風格偏激進一派。

　反過來說，換手頻率較低者，說明基金經理人操作風格相對穩健，投資收益主要來自買進並持有的策略，風格偏穩健。

　換手頻率的高低並無直觀的衡量標準。如果有幾隻主動型基金都想買，可對比一下其歷年的換手頻率。優先選擇換手頻率低、收益較高的主動型基金。如果僅僅是換手頻率低，績效並不理想者，我也不建議大家跟進。

5. 瞭解基金回撤的幅度

　　購買一檔基金時，最好提前明確自己可以接受的最大回撤 2 是多少。這是衡量股票、基金等標的風險的一個指標。

　　最大回撤並不是你的實際虧損，而是你長期持有一檔基金，可能會遇到的最糟糕情況。有些人看到幅度有 20% ～ 30% 這麼大回撤時，很容易就會拿不住，賣掉它。畢竟每個人的投資風險承受能力都不相同。虧 5%、10% 甚至是 20%，不同的人所產生的落差都不一樣。跌得越多，回本越難，比如一檔基金最大回撤 20%，那麼需要上漲 25% 才能回到原來淨值位置；如果回撤 40%，要賺 66.67% 才能回本；如果回撤 50%，就需要 100% 上漲。

　　有人買了基金，一旦價格下跌便茶飯不思或備受打擊。這是因爲買了與自己風險承受力不相符的基金，虧損幅度超過原先的預期。所以，買進基金之前請多多關注最大回撤率，這相當於是爲自己提前打一支「預防針」。

　　至於怎樣判斷自己能承受多大回撤呢？

　　我建議可用「良好的睡眠」測試法來因應，亦即投資是否讓你安枕無憂。假如回撤 30% 會晚上睡不著覺，就要減少風險量。如果兩檔基金的投資報酬率差不多，最大回撤更小

的基金，持有體驗更好。回撤越小，說明基金越抗跌。即使遇到了極端情況，基金回到正收益所用的時間也會更短。

此外，「最大回撤」還可當作輔助線來確定倉位。倉位是指投資的資金占總體可投資資金的比重。假如你有 10 萬元資本，花了 3 萬元買基金，這就叫 30% 的倉位。

配置多少倉位 3 的基金在自己的風險承受範圍內呢？計算方式是用你能承受的最大下跌除以基金最大回撤。比如某基金最大回撤是 40%，而自己能承受的最大下跌是 10%。那麼對於投資該檔基金，我建議你最多投入 25% 的倉位，剩下的資金可補進一些風險較低的品項即可。在投資過程中，正

「最大回撤」示意圖

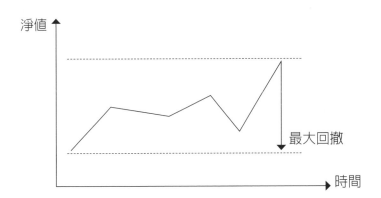

確的倉位分配和管理非常重要。倉位的大小決定了投資的風險與收益，倉位越大，潛在的收益越大，對應的風險也越大；倉位越小，風險便越小，但對應的潛在收益也越小。

6. 比較投資績效的基準

這是指用主動型基金的收益和某個指標作比較，看它的相對回報是多少。比如你考試考了 85 分，相當於絕對回報，但是年級平均分是 92 分，用平均分來比較，這就是相對回報。這個業績比較基準，可在基金產品的季報或年報裡看到。

購買基金通常是為了比指數型基金多賺一點。如果買入某檔基金，收益最後和買「元大台灣 50」（0050）差不多，那麼即便是有了獲利，你的體驗也會差一些。因此，基金常常會選擇某個指數，例如以「元大台灣 50」（0050）作為業績比較基準。該檔基金的目標就是跑贏某個指數。

▎主動型基金的賣出時機

買入主動型基金後，什麼時候賣出更合適呢？

1. 當買進邏輯消失時，請賣出

如果是因為長期看好某個基金經理人而買入，在這個基金經理人離職之時，可能就會賣出。如果因為某檔基金，當初是追隨當年的市場熱點而買入的，那麼一旦市場風格轉向，賣出的時候便到了。如果是因為預期基金可能會上漲而買入，那就要問問自己，自己的預期有沒有改變。如果預期改變，原來的買入邏輯消失了，那麼自然也要賣出。

如果自己手上持有都是航運、醫藥生技類，行業過於集中，賽道單一。單行業的倉位超過 20% 時，可以適當減倉，再增加幾隻其他賽道的基金。如果手上的基金獲利水準，明顯低於同樣投資方向的其他產品，並且沒有非常好的過往業績，那也可以改換成其他基金。

2. 動態再平衡時，請賣出

動態再平衡是指將資金按一定比例分配到兩個或以上關聯性不大的投資標的中，每隔一段時間檢視一次，重新將每種資產的比例調整為最初的設定。

假如我們有 50 萬元，以 5：5 的比例，25 萬元投入主動型基金，25 萬元投入其他投資類產品。一年之後，基金收益

15%，獲利 3.75 萬元，則基金市值 28.75 萬元；其他投資品收益 5%，獲利 1.25 萬元，市值 26.25 萬元。

此時按照動態再平衡策略，從主動型基金中贖回 1.25 萬元放到其他投資類產品中，這樣便各是 27.5 萬元，每年依此類推。

一般說來，每一至兩年便可重新平衡一下家庭資金，看看是否要賣出。另外，賣出主動型基金時，還可以看看是否可以直接轉換成其他心儀的基金。先賣出持有的基金，再買入新基金。至於費用方面，基金轉換雖然同樣需要承擔賣出基金的贖回費，但是轉換新基金時，申購費只需要交納差額即可，費率要低一些。

不過，也不是所有基金都可以做基金轉換。基金轉換常限定於同一家基金公司旗下的基金。有些協力廠商的銷售平台，可在不同基金公司之間轉換部分基金，相比贖回後再申購，這樣既節省時間，手續費差不多。

對普通投資者來說，分散選擇不同風格、不同行業、長期業績優秀的幾檔主動型基金，持有體驗相對較好些，獲利往往也更有保障。

1. 指經理人投資策略和公開說明書（Prospectus）內容不一樣，產品名稱和持股偏離較大的基金產品，也即投資風格漂移、名不副實的基金。
2. 是指投資標的價格，從最高點跌至最低點時的狀態。
3. 指投資者在某項資產中所投入的資金和總資金的比例，通常為一個百分比。例如某為投資者的總資金為 100 萬，而他在某標的資產中的投資金額為 20 萬，那麼他在該標的資產的倉位為 20%。

3.4

勘透股市：買對股票，讓妳安心獲利

優質股票是長期回報很高的資產。耶魯大學首席投資官在公開演講時舉過一個例子：

1925 年開始，你將 1 美元投資於各種資產，持有八十一年後得到的回報截然不同。

· 1 美元購買短期國庫券，你將獲得本金的 19 倍。

· 1 美元購買債券，你將獲得本金的 72 倍。

· 1 美元購買多樣化的普通股組合，你將獲得本金的 3,077 倍。

不過，股票回報高，風險也高。對普通人來說，如果有意願，可以拿出部分資金去購買股票，更令人安心。就算有損失，最大虧損也僅限於這一部分資金。買賣股票最重要的是保證自己在市場中始終擁有一席之地，不會被動退場。

申購新股

在股票市場，用資金參與新股申購，是一種風險較低的

獲利模式。舉個例子，你可以把即將上市的新股看成是一間預售屋，假設這個預售屋可以每坪 100 萬的價格成交。現在你便有機會用低於 100 萬的價格買進，但前提是你要抽籤才能得到這個機會……。

如何獲得申購新股的資格呢？

其實「抽股票」就好像買彩券一樣，得看你的手氣好不好？有幸中獎的投資人，若在股票掛牌當天以高點賣出，通常便能現賺一筆。至於哪些股票可以抽籤呢？通常各大券商的下單軟體或 App 中都會有申購股票的服務與說明，大家不妨進去看看。

待了解基本原理之後，即可按照以下四個模式，輕鬆完成股票抽籤程序：

【階段 1】持有台股證券戶頭，並依規定申購

參加股票抽籤的基本條件之一，就是你要擁有先開立一個台股證券戶頭。但提醒一下，每人只有一次申購機會，即使你手中握有多個台股帳戶，也不能因此多拿幾個抽籤名額。

另外，每次限申購一張股票，但有時候承銷張數會是兩張甚至五張或更多張……，但無論如何就是得遵守規則，投

資人無法自行決定要申購幾張股票。

【階段2】確認新股申購期間（抽籤日、退款日、撥券日）

抽股票時要留意以下四個時間點：分別是申購開始日、抽籤日、退款日和撥券日，抽籤日過後，沒有抽中股票的投資人，會在退款日領回部分金額，有抽中股票的人則會在上市當天，也就是撥券日拿到股票。

【階段3】先在交割帳戶裡，預備足夠的扣款金

記得在期間內，於交割戶頭裡預留足夠的金額。例如某一檔承銷價格是每股50元，但這並不代表只要準備5萬元就好，大家可別忘了還有兩筆額外費用要支出：像是手續費20元，以及中籤時通知掛號的50元郵寄費用，也就是你必須在戶頭裡存入至少5,0070元才行。

這筆金額會在申購截止日的隔天扣款，建議大家在截止日當天就要將資金存進戶頭中，以免扣款失敗，無法參與股票抽籤。

【階段 4】等待股票抽籤結果揭曉

最後一關就是最後結果，假設你若沒抽中，將會退回 5 萬元給你，但手續費是不能拿回來的，換句話說，股票抽籤最容易遇到的損失就是這 20 元手續費。至於中籤的投資人，則可考慮是否要在掛牌當天賣掉股票，順勢搶一波行情。

當然，很多人都會問「哪些股票可以抽？」，這部分通常可以參考券商的官網或 App，券商會在申購股票的介面上，顯示新股的承銷價與市價，投資人可以觀察並斟酌，至於這當中究竟要存在多少價差，才能吸引你上鉤，這便有待你自行決定了。

▎何時該買進？何時該賣出？

買賣股票是一件既主觀且有風險的事情。該不該買入？買哪檔股票？什麼時候買進？什麼時候賣出？這些事情都在考驗著投資人的思慮與判斷力。

股市裡有一個現象，有人分析出好公司，投資者直接拿到股票代碼，接著就跟進買了。但是，過程中會受到各種誘惑和干擾，讓大家搖擺不定。或者拿一時管不住心緒，待股

票漲一點就跑了，又或是因為心生恐懼，稍微下跌便割肉落跑。從一般投資大眾的角度來看，建立獨立思考的能力，首先就是努力在「不確定性中，尋找確定性」。

一家公司最大的不確定性，來自公司未來的發展和真實獲利能否持續？成長的幅度會有多大？這也正是買入和賣出股票最難的地方。公司能否賺錢，可能受到無數因素的影響，而且沒有任何機構可以提供擔保。

確定性則來自企業利潤的推演。建議大家最好多多閱讀上市公司的財報，將歷年淨利潤適度打折後，預估和推算該公司未來的合理估值。

估值是股票價值的體現。常用的估值指標有兩個：本益比（Price-to-Earning Ratio；PE）和股價淨值比（Price-to-book ratio；PB）。

本益比（PE）＝ 每股股價 ÷ 每股獲利＝總市值 ÷ 淨利潤

股價淨值比（PB）＝ 每股股價 ÷ 每股淨資產＝總市值 ÷ 淨資產

不過，就算買入了一家長期獲利的公司股票，也會經歷

股票短期的震盪。當一檔股票下跌 40%，絕大多數人都會懷疑自己的決定是否正確。畢竟在股市，追求的是確定性的概率。既然是機率，意味著這當中存在著失敗的可能。

如果你是完全無法接受不確定性的投資人，那麼你就只能投資國債、定期存款等風險較小的資產品項。因為買股票就是預測未來，一定會存在不確定性因素。

投資者也要理解，買股票是買進優秀、能長期獲利的公司。買入後，長期陪伴公司成長，實現獲利。對新手投資者來說，買入行業成熟、成長性較好、股東權益報酬率（Return On Equity；ROE）多年高增長的績優股是相對穩健的選擇。「股東權益報酬率」等於淨利潤除以淨資產，是衡量公司長期賺錢能力的指標。價格太高時不要買入。當市場情緒高漲，所有人都看好這支股票時，可能股票價格已經不低了，需要警惕。

當然，對估值偏低的股票，我們也要提防價值窪地出現。高估值的風險是顯性的，可以看數位判斷；而低估值的風險往往是隱性的，需要深入理解才能找出陷阱。對低估值的股票，可以結合未來一～三年內，行業的景氣度變化來行輔助判斷。

買賣股票時，長期持有股票應是結果而非目標。最好給自己的每一檔股票設置停損點，只要不觸及就無需改變，反觀若一旦出現調整點，就請務必嚴格執行應對計畫。

總之，股價何時會上漲，沒有人能夠控制和預測。對一般投資大眾來說，找到估值低、獲利確定性強、虧損可能性小的股票，買進並持有，更能在不確定性中尋找確定性，才能提高成功的概率。此外還要提醒一點，你若無法接受本金在 40% 上下的波動，建議最好不要參與股票市場。

3.5

打理財富花園：輕鬆制訂家庭理財方案

　　每次和諮詢者談到如何建立家庭理財方案時，我經常會用園藝來做比喻。對一個家庭來說，制定家庭理財方案就像是用心澆灌財富花園，理想的情況是擁有多個投資品種，四季都有鮮花可賞。

▎分散投資，四季皆有花可賞

　　如何買入多個投資品種？

第一，將家用資金分成兩大類

　　第一類是指購買增值型資產，例如基金、股票等，以此提升家庭總體資產的投資報酬率；另一類則歸為安全類資產，例如現金、存款、貨幣基金等。就像園林裡的草木，只要根基未受傷，日後終將順利成長茁壯。

第二，分散買進各式增值類資產

根據自己的偏好，搭配買入基金、股票或房地產等各種品項。分散的好處是當部分資產價格下跌時，另一部分資產可能跌得較少或處於上漲階段。這就像培育植物一樣，四季常青。就算只買進某一類資產，也請儘量分散配置，不要把所有雞蛋都放在同一個籃子裡。

舉個例子，有投資者投入全部的退休金買進某一檔地產股。在他看來，地產股估值低，相對安全。但萬萬沒想到，股票買入後價格一直沒上漲，有時還會下跌。這種情況讓他夜夜寢食難安，不知何時該止損，還是繼續堅持下去⋯⋯。其實，並非他選擇的股票有問題，而是選擇方式出現問題。買進時，最好分散持有兩、三個行業別的股票，一旦必須承受下跌壓力時，心態上才能更趨平穩。

再以主動型基金為例，如果買入一家證券公司的多檔基金，或是同一個基金經理人管理的多檔基金，風格類似，分散效果和持有體驗也未必很好。

買入基金時，可以分散買入不同基金經理人，不同風格的基金。

投資風格是指投資人在投資過程中，採取的投資策略和

方法。不同的投資風格會對投資組合的風險和獲利產生影響，建議投資人根據自己的風險承受能力、投資目標和時間規劃等因素，選擇適合自己的投資風格。

常見的投資風格包括價值投資、成長投資、指數投資、技術分析投資、基本面分析投資等。此外，也可以購買不同主題的基金，如消費類基金搭配醫藥生技主題的基金，亦或是金融類基金搭配 AI 科技類主題的基金等也不錯。

第三，分批、分時買進基金、股票

低估時分批買入，估值正常時堅定持有，在高估值區域分批賣出。估值低的時候買入，那麼你便有很大機率能獲利。但如果投資者買入時價格較高，可能即便持有七、八年，還是會虧損。

如果幾家機構對低估區域的評判標準不統一，那又該如何選擇呢？

投資人可以仔細研究不同指數估值資料機構的「安全邊際」。以同一支指數為例，誰最後進入綠色低估區域，誰的安全邊際線往往就更高。根據個人的風險偏好和實際情況，選擇最契合自己希望留出「安全邊際」的那家機構的估值表

即可。

如果覺得判斷估值過於麻煩，也可以選擇定期定額，逐月買入，攤低成本。雖然定期定額買入未必能獲得最高收益，但是長期投資獲利機率較高，持倉也相對平穩。

▌勤加打理，每年資金再平衡

就像園林裡的花草樹木需要勤加打理，家庭的資產也是如此。如果你已經將資金分散投入完畢，每一年可以對家庭的資金再平衡一次。舉一個簡單的例子，假如你在年初有 10 萬元本金，買了 5 萬元基金，另外 5 萬元買了國債。年底時，國債價格不變，基金價格上漲後占比超過 50%，達到 6 萬元。這時候，做一次資金均攤，賣掉獲利的一部分，並買入國債，使基金和國債的比例繼續保持均衡。

每年平衡一次，最重要的作用不是提升投資報酬率，而是減少跌幅，讓你的持倉體驗更佳，持有時間更久，提升長遠投資報酬率。增值類資產和安全類資產各一半的配比方式並不是絕對的，也可以適當調整。

那麼到底應該如何分配股債的百分比？

建議可結合自己的目標、風險承受力、人生階段、願意在投資上花的精力，以及財富狀況來搭配投資品種。以下提供的搭配比例僅供參考，具體的資金方案還需結合自己的實際情況和風險承受程度來確定。

　　1. 儲備退休養老金。風險承受度高，剛剛組建家庭，投資所花精力少，財富狀況一般。可以採取 60% 基金、股票等投資品種，40% 存款等安全品種策略。

　　2. 儲備退休養老金、娛樂費用。風險承受度中等，家庭進入成熟期，投資所花精力多，財富狀況很好。可以採取 50% 基金、股票等投資品種，50% 存款等安全品種策略。

　　3. 讓家庭資金跑贏通貨膨脹。風險承受力低，已退休，投資所花精力中等，財富狀況中等。可以採取 30% 基金、股票等投資品種，70% 存款等安全品種策略。不管如何調節股債配比，家庭都要持有一定比例的現金類資產。它可以降低市場低迷時的回落風險，也可以讓我們有餘力買入「錯殺」和「低估」的好資產。

　　提醒一點，現金類資產可以放到銀行隨時申贖、風險等級較低的產品，隨著經濟波動還可以適當提高現金類資產的佔比。投資股票、基金等增值類資產，一定要用三至五年閒

置的資金。股市有漲有跌，如果在股市低潮急需用錢，就可能「被迫下車」而遭受損失。所以要合理預估自己的投資本金，堅持長期投資。

▌ 適合自己的理財方案

　　設計一個適合自己的家庭理財方案，可請優秀的投資顧問提供建議。但最瞭解你和家庭的人一定是你自己，最終的路，一定是自己探索和走出來的。

　　就像世界上別具特色的園林多不勝數，有些是走清新質樸的自然風，有些則是專營雕梁畫棟的華麗取向。每個人都有適合自己的風格。畢竟，每個人所處的經濟週期、遭遇的市場變數、目標、偏好以及投入時間精力都不一樣。無論多麼優秀的投資經驗、邏輯、方案，其實都無法直接複製和套用。搭建一個適合自己家庭的理財方案，還需經得起時間考驗。短期獲利再多，如果方法錯誤，早晚會連本帶利還給市場。

　　巴菲特曾舉過一個例子，假設有一把左輪手槍，槍裡面只有一顆子彈，中彈的機率是千分之一。如果沒有命中，就

能拿到 10 億元。

你玩不玩呢？

巴菲特的答案是「不玩」。

雖然 10 億元很誘人，但概率極低的中彈事實一旦發生，人生一切歸零，所以這個遊戲根本就不應該玩。

持續獲得長期穩定的收益，才是每個人真正要追求的目標。對普通投資者來說，家庭理財方案的年化投資報酬率，如果能夠長期穩定在 8% ～ 10%，就已經很不錯了。

CHAPTER *4*

聰明投資，讓妳「價值千金」

培養正確的理財邏輯很重要。

理財不只是算帳，還要能夠 明如何以「結果」為導向，靈活運用
手中的資金，避開風險，獲得最大程度的報酬。

4.1

追求溫馨：買房的七大致富邏輯

買房是人生最重要的財務決定之一。

對很多人來說，買房可能是自己有生以來第一次學著用「財富邏輯」來思考：

如何配置資金並且將這筆錢做最有效的運用？

畢竟是一口氣要掏出幾十萬元甚至上百萬元的資金，怎樣使用跟如何選擇最划算的房貸條件？

哪個區域或一種房型最適合自住或資產保值？

由此可知，懂一點財富邏輯很有必要。財富邏輯不只是算帳，還能 明我們學會以結果為導向，靈活運用手中的資金，避開風險，獲得最大化回報。

▌買房，一次付清 VS. 分期付款？

有網友曾私訊問我：「買房時是一次付清房款比較好，還是分期付款比較優惠？」而我給出的建議是「從現金的『使

用成本』來看哪個決定更合算」。如果你的家庭資金很寬裕，又不願意承受一定風險及額外費用，那就相對保守一些，可以考慮全額付款。

從總額來看，全款買房畢竟少了手續費、貸款利息等支出，肯定比分期付款省錢，而且房子出售時不必受銀行貸款的約束，更容易出手。再以分期付款為例，假如頭期款是 30 萬元，房屋貸款 70 萬元，每年支付利息約 5.4%。這時候，你可以判斷一下，每年是否能用 70 萬元現金帶來高於 5.4% 的投資收益。如果能做到，分期付款來買房自是更划算；反觀若做不到，全款買房肯定會更好。

總之，不同的人適合不同的付款方式，既要看手上的資金多寡，也要衡量自己的風險承受力。

▎分期貸款總額，佔家庭總收入的比例

有網友問我，每年的家庭收入有 300 萬元，前不久貸款買了一套房子自住，這樣做是否合適？

對於收入結構各有不同的家庭來說，分期貸款金額佔家庭收入的比例，自然也不相同。工作穩定者，我建議每月

分期貸款佔收入的 35%，最多不要超過 50%。也有網友問我，自己目前計算每月需繳還的房貸，折合下來約 6 萬元。她和先生兩人的收入每月總計約 8 萬元。貸款佔月收入將近 75%，確實比較吃力。

房貸佔收入比重若過高，除了增加經濟壓力，還有可能帶來心理負擔，容易陷入不安全感。如果工作不穩定，甚至是個人獨立買房者，建議每月分期款佔收入的 20%。如果出現意外情況導致無法按時還房貸，可以考慮將房子租出去，透過租金來疏散一部份的貸款壓力，爭取一些緩衝時間也好。

▎每月收入結餘，全部用來償還房貸？

風靡全球的財商讀本《小狗錢錢》（Ein Hund namens Money）裡有一句經典金句：「別把賺來的所有資金，全部拿來還房貸。」如果每個月的結餘全部用來償還房貸，其實有兩個壞處。

1. 抗風險能力弱

生活中的意外無時不在。如果是上班族，有可能碰到失

業；如果是創業者，有可能碰到生意不好的時候。在財務低谷期，手頭尤其需要一筆穩定的結餘來保障家庭的基本開支，緩解巨大的心理焦慮。如果平時大部分的收入都用來還貸，手頭沒有太多積蓄，資金斷流時便很容易捉襟見肘。

家庭總結餘最好設定在，足以保障家庭一、兩年的生活花費，且這筆錢可以隨時調用，不會損失利息或收益。

2. 資金利用的性價比低

假如每月有 2 萬元結餘，1 萬元還貸款，5,000 元用來花銷，還有 5,000 元可以做一些穩健投資。投資得當的話，有可能為自己帶來超出房貸利率的收益。等到手上存了一些資金，想要享受「無債一身輕」的狀態，或者之前買的房子所在的城市、地段不好希望置換時，可以考慮提前還貸款。

此外，之前的房屋貸款是否清償，可能會影響再次購房時的貸款成數。

▎還款，本金攤還 VS. 本息攤還？

買房貸款一般有兩種方式：本金攤還和本息攤還。

1.「本金攤還」的方式及優、缺點

也可稱等額本金還款，做法是每月要償還固定的本金給銀行，利息部分則依本金餘額計算，但隨著所償還本金愈來愈多，應繳利息會逐月減少，所以總繳交給銀行的利息，通常會比較少。

‧還款方式：每月償還相同金額的本金，由於剩餘本金減少，每月的利息也逐月減少。本金攤還每月總還款額不一樣，逐月遞減。

‧優點：由於本金攤還還本金更多，相當於每個月都提前還款，減少了本金餘額，因此總利息會少一些。

‧缺點：本金攤還前期每月還款金額比本息攤還要高。對剛開始工作的人來說，還款壓力比較大。

2.「本息攤還」的方式及優、缺點

一般又稱等額本息還款，這是目前最常見的房貸攤還方式，不僅讓借款人的還款壓力降低，而且對銀行有利，因為可以多賺借款人的利息，但總繳交給銀行的利息比較多。

其原理是把貸款的本利和（本金＋利息）相加，然後平均分攤到還款期限中，在利率不變的條件下，每月還款金額

女子幸福
財商課

固定，只是還款額中的本金與利息所佔比例不同。

　　·還款方式：本息攤還每月總還款額一樣，所含利息逐月遞減、本金逐月增加。

　　·優點：每月還款額固定，方便規劃資金。本息攤還前期還錢少，對剛開始工作的人來說，還款壓力小一些。

　　·缺點：相比本金攤還，本息攤還佔用本金時間更長，最終要還的總利息較多。

　　本金攤還和本息攤還，到底應該如何選擇呢？

　　如果你有足夠的月供能力且；且償還貸款不致影響生活品質，自有資金並沒有其他合適的投資方式，希望少還一些銀行貸款利息，可以選擇本金攤還。如果你收入不高，但是又想買房自住，選擇本息攤還，貸款時間拉長到三十年是較佳選擇。對每個家庭來說，最重要的是結合未來收入的變化、對生活品質的影響、家庭現有資金的規劃等，選擇適合自己的還款方式。

飯店式住宅 VS. 店面，值得買嗎？

　　所謂「飯店式管理住宅」，一般說來與普通住宅並無多

大差異，最大的差異在於「物業管理」上，也就是保全服務的品質提升，將飯店式的服務帶進社區裡，進而創造出飯店式管理住宅這個全新領域。

坊間目前常見的物業管理內容大致分為物業的管理、服務與經營。而當中最基本的是「物業管理」所提供的服務，例如社區保全、公共環境清潔、簽收信件、代收包裹，以及機電設備的修繕維護等。根據統計，全台灣集合式住宅中，至少有八成以上都備有基礎的物業管理，而基礎物管的費用較低，每戶每月所分擔的管理費也不高，每坪大多不到100元，超過百元以上者已屬高級住宅或豪宅等級了。

而基本上，有能力買房者，一般首選都會是社區住宅大樓。飯店式住宅能不能買，最重要的是看自己目前處於什麼樣的人生階段，以及購房用途。如果是單身，或是買來用於投資，那麼你要關注的是住宅所處地段是否優越？出租是否方便？真實回報率又是如何？

而挑選店面又比投資飯店式住宅更難。

買店面肯定是投資取向。投資店面除非特別有把握，比如店面位於購物中心旁，設計合理，和周邊的居住人群互動和睦，以及品牌開發商有商業運營經驗等，否則千萬不要貿

然入手。

如果你累積了一筆資金，找不到其他低風險且能產生現金流回報的投資產品，又對飯店式住宅或店面進行了長期研究，實在很想下手的話，那麼請注意以下三點：

第一，選擇飯店式住宅和店面時，不要只看報價，要將契稅、印花稅、增值稅、個人所得稅、交易手續費等加總，綜合計算每年的租金回報率。

第二，預估飯店式住宅和店面收益時，不能簡單地將月租金收入乘以 12，最好將空置期的空置成本、仲介費等一併計算。通常對業主而言，上一家租客走了，完全無縫對接到下一家租客的機會並不大。

第三，最好多多實地考察、走訪，瞭解該區目前的月租金多寡？提前排除各種風險後，再綜合考慮飯店式住宅和店面是否值得投資，年化報酬率是否符合自己的心理預期。

總之，「隨便買房」的時代已經一去不復返了。培養財富邏輯，才能更好地經營房子，規劃人生。

4.2

金價還會再漲嗎？

　　我有收藏一枚表面亮晶晶的黃金戒指，這是結婚時婆婆送的見面禮，另外還有一些黃金項鍊、胸針、手鐲等。以前買黃金飾品時常對自己說：「這不是花錢，是投資，黃金是可以保值的。」

　　然而事實真是如此嗎？

▋ 買黃金飾品，保值嗎？

　　其實，買黃金飾品和投資是兩回事。

　　如果黃金報價是每克 8,770 元，那麼銀樓足金的報價估計在 9,020 元左右，高出約 250 元。買到手的黃金飾品之所以高於黃金價格，在於黃金飾品的價格包含了工藝附加值，即 1% ～ 5% 的加工費用、運營成本等。

　　黃金回收時和出廠品牌、設計師是否知名關聯不大，主要看黃金的金含量。一般來說，黃金飾品回收時的價格比黃金同期掛牌價低。買黃金飾品增值的可能性不大。

1. 金條

相較而言，金條比黃金飾品更具投資價值。幾千年的時間裡，金條在絕大多數情況下都可以當錢用，是讓人踏實的硬通貨。所謂「亂世黃金，盛世收藏。」至今仍有不少家庭都會購買一些金條、珠寶，以備救急時使用。不過，金條一般 100 克起售，以金價每克 8,770 元為例，100 克金條需要支付 877,000 元，有一定的投資門檻。

金條分為投資性金條和紀念性金條。投資性金條的工藝相對簡單、加工損耗和成本低，只要金價上漲就會有利潤。購買投資性金條時，最好橫向比較一下價格。有的金條每克一次交易成本 3 ～ 5 元，有的高達十幾元。

投資性金條的回購條件也不同。有的金條可在銀樓回購，有的則通過銀行回購，還有的金條會設置其他的回購條件，比如只在特定日期進行回購。紀念性金條分為不同的品牌、主題，如賀歲生肖金條等，出售價格是固定的。紀念金條要找到買家才能出手，不如投資金條那般方便。

2. 金幣

金幣的分類與金條相似，是一種投資性金幣，如袋鼠金

幣。另一種是限量發行的樣幣、紀念性金幣，這類金幣則具備收藏價值。

3. 黃金存摺

除了金條和金幣，還有一種黃金投資工具—銀行發行的黃金存摺。黃金存摺類似於建立一個黃金零存整取帳戶來投資黃金。比如投資者在銀行櫃檯或手機上開立黃金存摺帳戶後，就可以申請每月自動在帳戶上扣款，或者在某個時間點主動一次性申購黃金存摺。一般黃金存摺最小的交易單位是200元，投資門檻低，適合小資族投資，此外，黃金存摺由於是給銀行代為保管，不用隨時擔心黃金有被偷的風險，如果投資人有需求，黃金存摺也可以換成實體黃金提領出來（需付手續費），但提領後的黃金就不能再存入黃金存摺裡。

黃金存摺是銀行與客戶之間，以存摺方式登載黃金買賣交易與保管業務，免收保管費也不用支付利息。另外依計價幣別可以再區分新臺幣計價與美金計價。新臺幣計價是以1公克黃金為基本掛牌單位，可以隨時或定期委託銀行，買進黃金存入黃金存摺帳戶，也可隨時將帳戶內的黃金回售，或依銀行規定轉換提領黃金現貨。

美元計價則是以黃金存摺以 1 英兩（即 31.10 公克）黃金為基本掛牌單位，可以隨時委託本行，買進黃金存入黃金存摺帳戶，也可隨時將帳戶內的黃金回售，或依銀行規定轉換提領黃金現貨。

▍買黃金？還不如投資黃金 ETF……

　　對一般人來說，最方便的投資方式或許是購買黃金ETF，更能保值和升值。

　　黃金 ETF 是一種以實物黃金為基礎資產，緊密跟蹤黃金價格波動，並且在證券交易所上市的開放式基金，可以像買賣股票一樣方便地交易。投資 ETF 相當於間接擁有證券交易所的黃金持有「憑證」。

　　選擇黃金ETF時，規模較大、流動性好的基金收益更高。另外由於黃金 ETF 緊密跟蹤的是黃金現貨價格，基金跟蹤時誤差較小，管理水準較高，能取得的收益較透明。買入黃金ETF 時可以採用逢低逐步加倉或定投的方式，要比一股腦全部買入更穩妥。

　　而台灣目前最熱門的黃金 ETF 多半會指向「元大 S&P

黃金」（代號 00635U）與「元大 S&P 黃金正 2」（代號 00780L），而有別於黃金存摺，台灣常見的黃金 ETF 都是以「期貨」模式來操作，代表投資人實際上並非眞正買進實體的黃金，而是購買黃金期貨合約，這屬於財務高槓桿的作法，投資人在選購時要多注意風險管理，避免被高波動影響，導致爆倉。

黃金 ETF，價格爲何會波動？

影響黃金 ETF 價格波動的原因有三個方面：黃金價格的波動、租賃黃金的收益以及匯率因素。

1. 黃金價格的波動

當前黃金用美元衡量，所以美元和黃金關係非常緊密。長期來看，黃金的價格和美國債務的變化最爲相關。一般美國政府債務大幅擴張時，都會帶來黃金的上升行情。比如 1970 年～ 1980 年，2001 年～ 2011 年，以及 2018 年至今，這幾輪黃金價格上漲，都伴隨著美國債務的大幅擴張。相反，對經濟復甦和通貨膨脹的預期上升，金價可能就會趨緩甚至

回落。

　　還有一種特別的情況—戰爭。戰爭對參戰國來說，意味著財政支出變大和債務水準變高，這往往要超發貨幣，靠貨幣貶值來降低債務水平，這時貨幣信用便會降低，金價自然水漲船高。

　　抑或投資人對流動性要求提高時，也會賣出黃金甚至國債，持有現金以應對流動性，導致金價下跌。從 1971 年至今的五十多年裡，金價上漲了約 54 倍。但是在過去幾十年裡，金價的最大回撤也曾逾 53%。

2. 租賃黃金的收益

　　基金管理人可把部分黃金倉位元租賃出去，額外享受租賃利息，這是其他黃金投資工具都沒有的優勢。黃金租賃的收益主要受租賃規模大小的影響。

　　此外，管理團隊是否具備有效率的管理能力，也會影響黃金租賃的收益。

　　黃金 ETF 透過出租黃金的獲利，將會影響基金的淨值。按照金管會規定，租賃的收益全部併入淨資產計算。

3. 匯率

雖然黃金 ETF 的投資標的以證交所掛盤交易的黃金現貨合約為準，其交易價格以新台幣計價，但是該價格的變化主要受到國際黃金價格的影響，所以新台幣與美元的匯率變化，也對投資黃金 ETF 的獲利有著重大影響。

▍為何要配置黃金資產？

黃金最根本的優勢是保值、避險，長期以來一直兼具商品屬性和貨幣屬性。黃金有兩個明顯的特徵：首先，黃金與股票、債券等通常不是同漲同跌，適合用來降低家庭資產組合的波動性；其次，在高通脹、有地緣政治風險的時候，黃金往往表現優異，既可提高收益，也能降低風險。

所以，黃金更適合作為資產配置的補充，佔家庭總資產的 10% 左右。如果要投資黃金，最好是用家裡的結餘購買，長期持有。

投資自己：收藏藝術品

我在新加坡念書時，曾經參觀過一個小小的畫廊。當時畫廊主人的朋友也在。聊天時，他說起十多年前自己做業務時曾簽下一筆大訂單，拿了不少獎金。因為他的媽媽特別喜歡日本藝術家草間彌生（くさまやよい／Kusama Yayoi），他就用幾乎全部獎金為媽媽挑了一幅草間彌生的畫作。

草間彌生是日本的藝術家，又被稱為「圓點女王」、「怪婆婆」。近些年來她的名氣越來越大，畫作價格也不斷攀升。畫廊主人的朋友購買的畫作也增值頗多。不過他認為，買畫、藏畫的樂趣不完全在於增值，更是一種愉悅感。對於普通家庭來說，是因為喜歡而買，而不是因為要獲利才買。

「喜歡」是最直接的動力

「因為喜歡而買」，這句話道出了普通人收藏藝術品的真諦。有一個以「零用錢購買藝術品」著稱的收藏家—宮津

大輔（Daisuke Miyatsu）。他是日本一個普通廣告公司的職員，幾十年來，他用上班的收入收藏了超過三百件當代藝術作品。有時候，藝術家辦個展時還會向他借自己的作品。

宮津大輔也非常喜歡草間彌生的畫。因為預算有限，宮津大輔儘量只買大約 7,000 元以內的作品。當他碰到草間彌生的《無限的網》時，定價約 30 萬元，遠遠超出他的預算。家裡人很是不解，一幅只有圓圈和點的小小畫作憑什麼就能值 30 萬元？

當時宮津大輔一下子也拿不出這麼多錢。宮津大輔和畫廊商量，先用自己的存款付一部分，餘下的分期付款。於是，他白天在辦公室上班，每週有三天晚上去酒店做兼職。他省吃儉用，拚命攢錢，最終如願以償買下這幅畫。如今，畫作《無限網》已經升值了上百倍。

在宮津大輔看來，很多人收藏畫時會去考慮藝術家是否出名，有沒有做過雙年展，或是有沒有被大畫廊代理，往往忽略了自己是不是喜歡這幅畫作。而宮津大輔覺得，喜歡這種感情恰恰是最樸素的收藏動力。能夠經常觀賞喜歡的畫作，在日常生活之中為自己營造一方獨有的藝術空間，本身就是一件再幸福不過的事。如果畫作有所增值，那是錦上添花，

女子幸福
財商課

意外之喜。這麼多年，宮津大輔從來沒有變賣自己收藏的藝術品。

▍收藏當代藝術品的「怦然心動」

　　宮津大輔收藏的大多是當代藝術作品。這既是因為畢卡索（Pablo Ruiz Picasso）、梵谷（Vincent Willem van Gogh）這些過世的藝術家畫作太過昂貴，動輒千萬元乃至上億元的價格，不是處於受薪階層的上班族負擔得起的，而同年代的藝術家作品，價格往往親民許多。

　　有研究者將市場上的藝術品分為三類：即新人新作、名家小作和大師名作。新人新作是潛力股。好比在畢卡索初出茅廬時就買下他的作品，投資一個新人藝術家，可能帶來幾十倍、上百倍的回報，但是也非常難。

　　名家小作是績優股，風險不大，價位也適中。

　　大師名作是藝術品交易中價格最高的一類。不過，就算大師的作品，也未必都是天價，要看是否優質、稀缺。對普通人來說，新人新作和名家小作的價格更適合，有興趣的話可以多瞭解。

如今，普通人足不出戶也能買到一些性價比較高的當代藝術品。而拍賣和畫廊出價的方式相比，多了不確定性，也平添了一份趣味。如果好幾個人都看好一幅畫，交納保證金入場後，就可以在底價的基礎上不斷競價，每次競價加價幾百元到幾千元不等，不限次數，直到沒有出價爲止。出價低的人遺憾出局，出價最高的人支付買價和傭金後，就可以擁有拍品了。

　　收藏當代藝術作品還有一個美妙之處，就是收藏者更能感受到藝術家的所思所想，與其同頻共振。有一個三十多歲的全職媽媽，生完孩子後辭職在家，從職場獲得成就感的心理習慣突然中斷，她一度找不到「方向」，就在

　　這個特殊的時刻，她被當代藝術吸引了。她的收藏從幾千元到上萬元，各價位的藝術品都有。

　　經常有人問這個媽媽，爲什麼只買當代藝術品？她說：「因爲活在當下，從那些作品中，我能感受到自己和藝術家在一起經歷這個時代，一起成長。」而恰巧宮津大輔也與我有著相似的感覺：「我覺得可能有一段歲月和這個作品聯繫在一起，這比金錢更寶貴。我將這些畫當成自己的日記或者生命的留存一直保留。」

▍如何挑選「第一件」收藏品？

收藏藝術品並不是所謂「有錢人的專利」，也可以成為一種生活方式。在家人生日或特殊的日子，認真選一件藝術品送給他們，會是非常美好的記憶。

那麼，如何挑選自己的第一件藝術品呢？

首先，藝術欣賞是非常主觀的事。儘管有很多文章會從各方面給出專業建議，甚至直接推薦一些被低估的當代藝術家的作品。但是，遵循「喜歡和心動」的原則去購買第一件藝術品，至少是一件不致讓人後悔的事。

退一萬步來說，即使畫作最終並未大幅增值，但它和家裡的裝飾十分匹配，也讓自己和家人心情愉悅。空閒之時，自己可以安靜地欣賞畫作，這份幸福的感覺是金錢無法換來的。藝術作品各有特點。

如果「請回家」的話，我個人更偏愛傳遞生命力或讓人心情平靜的作品。當畫面的主題是人像、自然、抽象線條、靜物、建築時，自然和抽象線條類更能打動我。

作品最好用畫框仔細裱裝好，不然還要花時間和精力去挑選合適的畫框和裝裱工藝。當然，每個人的喜好不一樣。

瞭解自己的喜好，隨「心」而動就是最好的選擇。

其次，和宮津大輔等「收藏癡迷者」相比，普通人買畫主要是一種愛好，最好結合家庭開支額外留出一筆預算，以不影響家庭生活爲宜。定出預算還有一個好處是，在「有限的價格區間」內，反倒更容易做出選擇，挑出自己喜歡的畫作。比如預算在 5 萬元以內，除了新生代藝術家的作品，也有可能買到當代知名藝術家的作品。

如果你很喜歡知名藝術家的原作，又無力負擔昂貴的價格，可以考慮絲網版畫（Silkscreen Print）[1]，在某種程度上也可以滿足「粉絲」願望。知名藝術家的作品還有可能是裝置、雕塑、影像等。

總之，不管是收藏畫作，還是收藏手工藝、玩偶或是瓷器、玉器等，收藏是以「藏」爲基礎，愈經歷歲月，愈有價值。與購買股票、基金等比，藝術品不僅起到分散風險的作用，還兼具審美價值和收藏價值。

付出金錢購買藝術品的感受往往是多元的，它包含了美的享受帶來的幸福感以及支持藝術家的心意，尤其是青年藝術家的自豪感，還有畫作增值帶來的成就感，這些都是非常獨特的體驗。

1. 絲網版畫是一種「孔版印刷」，也被稱作是「漏版印刷」。簡單說就是將顏料
   從一張絲質材料上透過刮板，最終漏到紙或布上。絲網印刷對以安迪・沃荷
   （Andy Warhol）為代表的波普藝術家們的創作有著至關重要的影響。

CHAPTER 5

聰明買保險，與風險說不！

買保險就像是在下雨天撐起一把傘，即使傘外大雨滂沱，但卻始終能給傘下的自己和家人留下一方安然之地。

很多人都知道這把傘的重要性，可是如何為自己與配偶、孩子、父親母分別準備一把對的傘，那可就莫衷一是了⋯⋯？

5.1

如何為自己與家人們選購保險？

　　我多年前任職的部門主管是一名專業的保險精算師，他給我的第一條建議就是，記得先幫自己和配偶備妥保險，再來設想如何為家人買保險。

　　這就像飛機在空中遇到亂流，氧氣罩會脫落。當下只有自己先戴好氧氣面罩，才可以幫助其他人也戴好。因為人在缺氧情況下，只能維持短短幾秒鐘的清楚意識，之後就會暈厥。故而只有照顧好自己，才有能力照顧家人。

　　重大疾病險、醫療險、終身壽險和意外險，這四者被稱為保障家庭的「四大金剛」，可以根據實際需要來配置。通常在自己和配偶之間，承擔收入責任更重的那一方，投保金額可以相對高一點，保障品種也能更充分一些。

▌重大疾病險

　　重大疾病險主要是保障被保人在罹患重病期間，家庭收

入能夠得到彌補。畢竟因為患病無法上班，收入減少的同時，生病期間的家用開銷還會變更多，比如看護費用、營養費等。這時，如果有一筆讓自己能夠更安心的理賠金，能夠繼續維持家庭的運轉，方能讓病人安心投入疾病的治療。

通常提到「重大疾病險」時，其實可能是在講重大疾病險、重大傷病險或嚴重特定傷病險，正因如此，許多人都覺得重大傷病類的保險好複雜，也搞不清楚這三者有何不同、應該如何規劃！簡單來說，以上三種保險都是在保障我們罹患某些重大疾病或發生特定傷勢時，給予一次性的保險金，讓我們能夠專心治癒的保險。差別則在於保障的傷病「範圍」與「定義」不同罷了。

首先是重大疾病險。這是以下三種保險中最早推出，保障傳統七項重大疾病，包含：冠狀動脈繞道手術、急性心肌梗塞、尿毒症、重大器官或造血幹細胞移植、腦中風後障礙、癌症、癱瘓。

第二是重大傷病險。理賠健保局「重大傷病卡（證明）」裡頭 22 類疾病的保險。只要罹病後取得重大傷病卡，保險即理賠一筆金額，因此理賠較無爭議。

最後是嚴重特定傷病險。以前被稱為特定傷病險，2019

年統一改名，增加「嚴重」兩字。特定傷病險有的商品還包括重大疾病險的七項疾病，有的則沒有。以前特定傷病險沒統一內容，各家對應的傷病都不一樣，需仔細瞭解條款才知道在保什麼。現在已統一，最少都具備二十二項以上的傷病，通常包含的病項越多，保費就越貴。

年輕時購買重大疾病險，保費要便宜不少。隨著年齡的增長，購買重大疾病險的保費也會相應增加。

▎醫療險

醫療險主要是用來支付生病期間額外的醫療費用。

發生疾病後，治療費用可能比較昂貴，而且進口藥物、新藥、高價藥品及部分診療項目並不在健保報銷的範圍內。這時候，醫療險就可派上用場了。一年支出相對不多的保費，就可以買到高至上百萬保額的醫療險，而且不限醫保用藥，可以覆蓋醫藥費、治療費、手術費等，非常適合多數家庭。

顧名思義，醫療險是以被保險人因為醫療行為所產生的費用為主要理賠範圍，也被稱為「住院險 ，因為早期的醫療險給付多以「住院」為理賠條件，不過如今有部分醫療險

也開始將門診手術、醫療雜費納入理賠範圍，因此，一些小手術或術後當天就能返家休養的手術費用，也能透過醫療險來補貼。

至於理賠方式則可分為「定額給付」和「實支實付」，其中「定額給付」就是無論被保險人的醫療費用實際是多少，保險公司只會根據契約內容理賠一定額度。至於「實支實付」則是相反，將依照被保險人實際花費的醫療費用進行理賠，也就是會參照醫療費用的收據來請款理賠，花多少、賠多少，最多理賠至金額上限為止。

▌壽險

壽險是為家裡人準備的保障。

顧名思義是保障當被保險人不幸「身故」、「完全失能」時，給付一筆理賠金予受益人，功能即在於讓家屬在面臨失去親人的同時，還能避免金錢上的壓力。而目前保險公司常見的「壽險」保單，又分為定期壽險、終身壽險、增額壽險：

第一種是定期壽險。市面上的「定期壽險」商品多屬保障期間為「一年期」的保單，特色是保費便宜，保額高，但

缺點是保費會隨著年齡調漲，且有投保年齡限制。適合剛畢業的新鮮人、小資族，在預算有限時為自己及家人做規劃！

第二種是增額壽險。這是兼具「保障」與「理財」功能的保單，多半是終身型，繳費期間有六年、十年、二十年期。優點是一旦繳完保費，除了享有終身保障外，你已繳納的保費（本金）將會加上利息後，以利滾利的方式增加，故而保單價值也會越來越高。這是非常適合想要規劃壽險保障，同時兼顧理財需求的一群。

最後一種是終身壽險。顧名思義，這就是保障「終身」的保險商品，常見的繳費期間有六年、十年、二十年期，只要繳完這段期間的保費，就能終身享受保障。雖然終身壽險的保費較定期壽險昂貴，但終身保障可讓保戶在年老時不需擔心身故後，會給親人造成財務負擔。並且當被保險人身故後，保險金會直接給付予受益人且不用繳納稅金，適合身兼家庭重責的族群。

如何確定壽險保額是諮詢者經常會問到的問題。有一個比較簡單的方法，只需將家庭五年～十年的基本生活開銷、個人或家庭債務，以及父母養老支出的費用加總起來，便可得到粗略估算的壽險保額。比如一個家庭十年的基本生活開

銷為 150 萬元，房貸 200 萬元，父母養老支出大約需要 100 萬元。加總後，這個家庭的壽險保額約為 450 萬元。

終身壽險價格雖然較貴，但是除了保障終身，主要更可用在財富傳承等方面。

▎意外險

意外險通常可作為壽險的補充，每年幾百塊錢的保費，就能啟動幾十萬元甚至上百萬元保額，性價比極高。尤其是對於經常出門在外的人來說，意外險實在不可少，一般保額在 30 萬元～ 200 萬元都屬合理範圍。

根據保險業統計，所有意外事故理賠中，交通意外約占 50%。你可以根據自己的外出習慣選購各種理賠「交通意外傷害」責任的保險。若家中有車，自駕車意外責任的保險也必不可少。而導致出現交通意外的交通工具很多，除了經常乘坐的公車、計程車和捷運以外，如果出差較多，還可以加上飛機和高鐵。

家庭收入責任更大的一方，尤其需要優先配置好重大疾病險和壽險。提醒大家，家庭保障的「四大金剛」主要是用

來保障「人」，另外像是保障「物」的車險、財產保險等，你們也可是家庭實際需要來做配置。

▍如何幫孩子買保險？

　　當父母親的人已幫自己配置好保險之後，接下來就是要考慮幫家中小寶貝買保險了。而作爲爸爸媽媽，爲孩子配置重大疾病險，主要是希望彌補可能的收入損失。孩子雖然沒有收入，但是家長至少有一方需要專門照顧孩子，收入很有可能受到影響。爲孩子購買的重大疾病險正好可以彌補收入損失，還可以作爲孩子後續的康復費用。畢竟幫孩子規劃完整的保障，眞正有「需要」的對象是父母親，而非兒童！當孩子發生意外或生病時，父母若是無法承擔衍生費用，自然就必須透過保險來彌補財務缺口，絕對不是因爲保險越早買越便宜，才要替孩子規劃保險。

　　那麼在孩子的成長過程中，需要規劃購買哪些保險？我在此建議不妨理解兒童的保障需求後再來買保險會更適當。不同險種是爲了塡補各類風險的損失，當保障範圍涵蓋越廣，保費通常也會越高，因此在預算有限的情況下，應該先以「保

障最大風險」作爲主軸。

第一是實支實付型醫療險。根據衛福部資料顯示，兒童住院醫療費用除了零～四歲先天性畸形費用偏高，十五歲以下兒童的醫療費用主要是呼吸道、消化系統等部位；傷害事故住院則以骨折、頭部外傷與燒燙傷爲主。

但近年來醫療科技日新月異，健保不給付的自費項目日增，若想要手術傷口小一點、術後合併症狀少一些、藥物副作用輕一點或治療效果更好一些，那麼自然就須透過保險來滿足上述需求，而當中最實用的做法就是實支實付型的醫療保險，這樣能讓孩子的病痛有更多療護選擇。

第二是重大傷病險、癌症險。心愛的寶貝罹患重病，這對雙親心理的衝擊之大往往超乎想像，尤其對於正處在努力工作養育小孩的年輕父母身上，若家中資金不夠多，無力負擔鉅額且長時間的醫療費用，這時，重大傷病險的規劃便可發揮作用了。

第三是壽險。兒童也是人，可能遭遇到的風險與大人無異，頂多就是沒有家累，因此與兒童有關的壽險需求通常僅限於喪葬費用，但也正因如此，2020 年 6 月生效的《保險法》第 107 條修正案，將原本十五歲以下兒童身故僅「退還保險

費加計利息予要保人」修改爲「給付喪葬費用且金額不得超過遺產稅喪葬費扣除額之一半」，目前限額是 61.5 萬元。

限制金額的目的是爲了防範道德風險，若是再投保第二張壽險累計超過 61.5 萬，必須簽署聲明書，同意若未滿十五歲孩童不幸身故，超出額度部分將採退還保費處理。

▍如何幫父母親買保險？

接下來再來看如何爲父母配置保險。常常有諮詢者問，父母到了退休年齡，或已經退休了，是不是就買不了保險了呢？其實，隨著百歲時代的到來，很多保險產品的投保年齡也越來越寬鬆。就算五、六十歲，現在看來也就是初老階段。

其實如果預算有限，仍可依據風險高低規劃保險順序。舉例來說，假設醫療險確實可補貼高昂的醫藥費用，但民衆認爲長照的持續開銷會造成更大的經濟損失，則可先選擇以長照險爲主。反之，若是家中人力足夠，長照對經濟的負擔較小，反而改以長輩意外或醫療的大筆支出可能會造成短期的經濟困境，則可選擇意外險或醫療險爲主。

另外，壽險因有保障身故的項目，因此也是值得考量的

女子幸福
財商課

選項。

　　為父母買保險，重點還是看他們的身體狀況。疾病、意外是父母面臨的兩大風險。重大疾病險的投保要求比較嚴格，如果為父母購買重大疾病險，可能保費會很高，或是已過了能買保險的年齡，因此可以主要考慮醫療險和意外險。

　　對退休後的父母來說，在參考長輩的生活風險規劃保單時，不妨先挑選出「支出最小、轉嫁最多風險」的商品。先決定保險種類，再從該類型的保單中挑選出合適的項目，最後再依照保險的理賠額度、每期的保險金額，選出最理想的目標。

　　需要注意的是，保險的費用可能會隨著被保險人的年齡增長而逐漸增加，且若是投保定期險，有可能會面對「最高續保年齡」的限制。此外，有不少實支實付的醫療險以「附約」為主，若主約失效則附約也會一同喪失效力，因此在搭配主附約時也務必確認主約的內容和保費。

5.2

手中有「糧」：善用保險，規劃退休

　　台灣 111 年的國人平均壽命為 79.84 歲，其中男性 76.63 歲、女性 83.28 歲。由於死亡人數增加幅度較大、標準化死亡率上升，造成平均壽命下降，導致國人平均壽命較 110 年減少 1.02 歲，其中男性減少 1.04 歲、女性則減少 0.97 歲。

　　女性朋友因為照顧家庭，工作時間可能要少於伴侶。再加上薪水普遍較低一些，故而導致部分女性的退休金可能只有男性的四分之一。賺到的遠比想像的少，花用的確比想像的多。上述種種迫使女性朋友在退休養老這個議題上，更感焦慮。

　　其實，與其整天擔心，不如現在開始制訂養老退休計畫更為實際。健保是女性退休後的健康保險基礎，一定要持續投保。正式踏入少子高齡化社會的今日，健保只能支付老年的基礎健康醫療所需。按照有關統計，退休金替代率達到 70%，才能保證比較有品質的老年生活。也就是說，退休後每個月有工作時候 70% 的收入，生活品質才不會下滑。所以，

女子幸福
財商課

另外一部分就需要靠自己提早規劃準備。

▌選購年金險的幾項建議

　　如果你覺得自己缺乏投資經驗，不想承擔本金損失的風險，又希望有更充足的養老費用，可以考慮購買年金險。年金險通常是指投保人一次性或分幾年投入一定的資金，到退休的時候開始領錢。它和健保的退休金比較像，只要活著就可以一直領取。就算「年齡通脹」，你能活到一百歲，也無須擔心沒錢養老。

　　所謂的年金險是指，保戶在生存期間，按照契約書中所約定的金額、方式，在約定期限可領到的保險金。而因是以被保險人的「是否還活著」作為給付條件，所以保險金給付通常會設定週期，例如每年按時給付一定金額的保險金，故而稱為「年金險」。

　　你可能會疑惑，為什麼購買了年金險，保險公司就會支付收益呢？這是因為保險公司收到保費後，會交給保險公司的資產管理公司來長期運作、投資，待獲利後再和投保人分享。而年金險依照性質的差異，可做以下幾種分類：

1. 繳費 VS. 給付

分爲一次繳清保費的蠆繳型及分期繳付型。給付方式則有簽訂契約後就開始給付的即期年金,與約定幾年或是被保險人到幾歲仍生存,才開始給付的延期(遞延)年金三種。

2. 年金給付

目前計有定期生存年金1、一般終身年金及保證期間終身年金等類型。需特別提出的是,「一般終身年金」是只要受領人尚未身故,就能終身領取年金;而「保證期間終身年金」則是無論被保險人是否身故,保險公司皆會在約定期間內持續給付。

最後則是「保證期間終身年金」的給付模式,基本上不論被保險人是否身故,保險公司皆會給付至當時約定的總額額滿爲止。至於身故後的給付方式,則可再細分爲分期給付及現金即時償還兩種。

年金給付金額一般分爲給付金額固定不變的定額年金,與隨投資收益改變給付金額的變額年金方式二種。受領人數則有一人受領年金的「個人年金險」,或是由約定兩人以上受領人的「多數受領人年金險」方式,可視實際情況調整。

女子幸福
財商課

3. 記得按時繳費

　　一旦投入了年金險，最好堅持每年按時繳費，不要中途停止，一旦發生退保，會造成金錢的損失。年金險的收益與投資相比，並沒有很突出的優勢。不過，年金險最大的優點是強制儲蓄。相當於在不影響平時生活品質的前提下，為自己強制存下一筆錢。久而久之，在複利的影響下，就能積累一筆可觀的財富。

　　年金險還有一個好處是專款專用。養老年金只能一年領一次或者每月領取，什麼時間開始領、每年領取多少，都寫在合同裡。但是這份「不自由」，可以規避掉錯誤投資、花錢隨性、借錢不當等風險。

▋ 增額終身壽險：壽險 VS. 年金險？

　　除了購買年金險，還有家庭會購買增額終身壽險。

　　增額終身壽險雖然是一份保身故的壽險，但因為具備保額遞增、現金價值較高、資金取用靈活等特點，大多數人用這款產品做理財規劃，為孩子和家庭準備一筆錢，而非用於身故保障。而年金險和增額終身壽險的不同在於：

1. 支取方式不同

配置年金險，就像你在參加越野跑比賽時，提前為自己在每個補給點準備好額外的水、食物等，直到你跑完全程。投入年金險的資金一般不能隨意取出。

配置增額終身壽險後，如果因為突發情況需要用錢，可以通過減保或保單貸款來實現資金的自由支取。如同你參加比賽時，隨身帶著一大桶水，可以隨時喝，也可以用來應急。但隨時可以喝，也意味著你很容易就將水喝光。

2. 現金價值不同

現金價值是指退保或減保時能拿到的錢。一般要在繳費期滿後，年金險的現金價值才快速上升。增額終身壽險前期現金價值比較高，繳費期滿後基本能回本。如果你的重大疾病險、意外險等基礎保障已經配置完備，可以用保險做養老規劃，比如將年金險作為首選，增額終身壽險作為輔助。

舉例來說：如果你目前持有價值 300 萬的年金險保單，並且也已開始進入年金給付後，若選擇二十年保證期，每年最多可領取 15 萬元；但反之若你選擇十年保證期，每年就能領到三十萬元。也就是說，保費相同在情況下，保證期變長、

年金給付額度反會變少。

那麼我們到底應該怎麼選擇？其實，年金險的首要任務是「補足退休金缺口」。因此年金給付能否達成這個任務，永遠是你要考量的關鍵，無須為了爭取過高的保證期反而犧牲了年金給付額度。

其實退休養老的方式很多，健保退休金給了每個人安度晚年的最有力保障。在有餘力的情況下，可以考慮年金險、增額終身壽險等，或是其他的投資方式，又或是一直從事自己喜歡的事情獲得額外收入，這些都會減輕養老準備的壓力。

總之，預先針對退休養老的規畫多做一份瞭解，盡力準備，並且保持身體健康，但又無須過分憂慮，或者以犧牲當下的生活為代價，這就是正軌。

---

1. 定期生存年金是指，在一定年限內給付年金，但若被保險人在年限內死亡則不給付。

5.3

別踩坑！選購保單的八大陷阱

　　市面上的保險產品種類繁多，比較各個產品優缺點時，常常忽略了一些看上去微小實則重要的問題。這些問題處理不好，輕則埋下隱患，重則甚至會使保單作廢，給自己和家人造成嚴重損失。結合以往的諮詢案例和切身體會，我梳理了買保險時最容易忽視的八個問題，以及具體如何做才能避免踩坑，供你參考。

1. 購買保險「前」：

- 選擇好的保險顧問，爲何比選擇好的產品更重要？
- 我到底該拿出多少錢來買保險？
- 該買幾份保險才夠用？

2. 購買保險「當下」：

- 我該選購短期險，還是長期險？
- 投資型保單值得買嗎？
- 我該如何選擇「對的」受益人？

3. 購買保險「後」：

‧ 如何理賠和投訴？

‧ 家人不知道我之前買了甚麼保單，所以那些保單都該全部作廢嗎？

▎ Q1. 好的保險顧問，比好商品更重要？

人們買保險時經常只注重商品品質，卻忽略了保險顧問其實也是非常關鍵的角色。而為什麼我要說，選擇一個讓你安心、並且長久為你服務的保險顧問很重要呢？

1. 必須具備長期、安全的售後服務

購買保險後不是服務的結束，而是開始。保險公司經常會有各類資訊更新。投保人及時知曉保險公司動態，分可妥善行使投保人權利。

2. 將會陪伴自己一生，當然要找值得信賴的顧問

找對保險顧問就像找到貴人一樣。要是保險顧問的為人不值得信任，往往會帶來很大的隱憂……。曾聽過友人投訴

銀行理財經理虛報她們的流動資金，爲她和母親在一年半時間內，總共買入六份保單。而她們根本付不起高昂的保險費，可是如果不繳的話，之前付的錢就要打水漂……。

除了和自己接觸的保險顧問，更要多觀察家人尤其是父母親的保險顧問，多去瞭解其專業度和品格。對於父母甚至更年長的這群人來說，本身或許並不具備專業知識能夠去鑑識產品好壞，而也正是因爲自己的「不知道」，反而極易遭受銷售人員或親友們「過度介紹商品」的迫害，導致糊塗地買下並不適合自己的產品。

3. 即使已預做準備，仍會有「知識盲區」

買保險時，不妨問問自己的保險顧問：

· 你能幫我解讀一下保單註記的各項條款內容嗎？

· 你能告訴我，我爲什麼我需要這款產品？

· 同類型的商品，爲什麼就是你們家推出的最好？

· 你能比較一下各式商品的優缺點嗎？

· 我爲什麼要終身投保？

· 這個附險爲何值得購買？

透過保險顧問回答上述問題的情況，你可以從中判斷其是否夠專業？如果保險顧問能用通俗易懂的表達方式，爲你逐一拆解複雜的保險規畫，那自然再好不過了。

┃ Q2.到底該拿多少錢來買保險？

投資保險，通常需要注意以下三點：

1. 評估自己家庭的抗風險能力。年薪 100 萬元的公務員和年薪 100 萬元的自由工作者，保費預算肯定不一樣。而收入水準相同者，每月要還 1 萬元房貸和目前並無房貸要交納的人，保費預算也肯定不同。

2. 衡量自己未來持續繳費的能力。例如像是重大疾病險的繳費年限可能長達二十年甚至是三十年。如果中途斷繳，後果恐將得不償失。

3. 保額並非越高越好。買保險是建立在不影響家庭正常生活的前提下，不要超出能承受的支出範圍。一味追求高保額，不但無法分擔風險，反會給你的日常生活帶來壓力。

購買重大疾病險、醫療險、壽險、意外險等保障型保險時，建議可預先核算一下家庭的每年收入，再減去支出得到

的年結餘。一般建議控制在年結餘的 10% ～ 15% 的範圍內，這樣比較合適。畢竟買保險最重要的目的是取得最大幅度的保障。若能用有限的保費預算盡量轉移家庭風險，這樣方才是最需要仔細考慮的重點。

▎ Q3. 該買幾份保險才夠用？

有一個全職太太買了很多份保險，而且全部都是投資型的保單。而先生經常要獨自開車去外地做生意，有時候還要飛國外出差……。可是這個太太從未想到這層，連一份基礎的保障型保險，例如意外險都沒有購買。我算了一下，她花了 400 萬買下很多保險，日後可換來的保障竟不足 600 萬元。

而另一個家庭則剛好相反，夫妻兩人都將近五十歲了，住家離公司很近，平時不開車，也沒有旅遊的習慣。但兩人買了很多意外險，覺得這樣能撬動幾百萬元的大保額，感覺非常划算。可是從夫妻兩人的生活方式來看，意外並非首要風險。

總結上述兩個例子，在回答買多少份保險才夠的問題之前，先要買對保險，否則買得雖多，無法享受到保險應該帶

給自己和家人的庇護。

而且，買保險並非一蹴可幾，隨著收入增長和家庭情況的出現變化，你還可以隨時調整和追加實際需要的保單。

▎Q4. 選擇短期險，還是長期險？

諮詢者小蘭有一個疑惑，為什麼兩款都是保障重大疾病的保險產品，價格相差卻很大。比如保額都是 50 萬元，有些產品必須年繳上萬元，但有些產品一年只需要交幾千塊甚至幾百塊錢即可。

同一種保障類產品，價格差異竟如此之大，首要的主因即在於產品保障期限不同。比如保障終身的重大疾病險、壽險是長期保險；而只保障一年的意外險、醫療險、重大疾病險則是為短期保險。

長期保險和短期保險之間是一種互補關係，長期險對投保人能產生「庇護」作用，短期險則是「補充」。年輕時，如果經濟條件許可，可以購買一份長期險作為「主力保障」。比如長期重大疾病險連續繳費十～三十年，可以保障到滿八十歲以上或終身。雖然保費略高，但從長期的性價比看，

能更好減小年齡和收入波動的風險。

　　如果收入少、負債多，不妨可先購買一些保費低但保額較高的短期險，如購買消費型保險來完成「階段性補充」，防禦中年時可能面臨的失業衝擊等。

　　至於意外險則選購短期險就好。不管是二十歲買還是四十歲買，意外險價格基本都一樣，而大部分意外險並沒有所謂等待期，當天買第二天就可以生效，所以可以放心挑選一年期的意外險。

　　而醫療險基本都是一年期的短期保險。部分一年期醫療險可能承諾三年～六年的保證續保。實際購買時，最好仔細理解保證續保的條件。有些續保條款是建立在產品不停售，或身體健康狀況不改變的前提下。

　　不論保險公司如何承諾續保，短期醫療險都有無法續保的風險。所以在選購醫療險時一定仔細審閱契約條款，尤其是續保條件的免責條款，待釐清後再進行選擇。

Q5. 投資型保單，值得買嗎？

　　投資型保單基本上就是一種理財產品。各種各樣的投資

型保單都由以下三個基本要素組成：年金、分紅、萬能帳戶。

年金是指固定的支付金額，常常按年支付，少數按季或者按月支付。年金的名字五花八門，有可能叫生存金、退休金、教育金、祝壽金等名稱。只要是每年返回固定的金額，實際上都是年金。

分紅是指年金以外的收入。分紅分享的，是你所購買的保險產品的投資收益，同時要扣除各種稅、營運成本、保險顧問傭金等，最後剩下的才是可分配盈餘。通常每一款分紅型保險合同裡面都會寫著「紅利不保證」、「某些年份紅利可能為零」。

萬能帳戶是對年金和分紅的再投資。有的保險產品，如果你不領取年金和紅利，這些錢就進入萬能帳戶，累積複利再增值。反之，如果你想按期領取年金紅利，就不能享受萬能帳戶的收益。

▎Q6. 如何填寫「對的」受益人？

醫療險、癌症險、失能險、重大疾病、重大傷病險，通常這些與醫療相關的險種受益人就是被保人本人。而像是壽

險、意外險這些含有身故保險金、喪葬費的險種，就會需要指定受益人。而這些主要都是以直系血親、配偶、法定繼承人為主。

而為了規避道德風險，大家通常會覺得受益人多半只限於配偶、直系親屬、法定繼承人，但現代社會中出現越來越多的不婚主義者，為了給相伴多年的伴侶一分保障，基本上還是可以將伴侶、朋友指定為受益人！附帶提醒的是，若受益人較被保險人早一步過世，那麼也可重新指定受益人。若未及時重新指定，則會列為受益人遺產。

最後是若是在保單成立之後想要再變更受益人，通常床只需填寫契變書，得到要、被保人的同意並簽名並向保險公司申請即可變更。受益人的變更與保險公司、受益人同意與否都無關。另外保險理賠金若在一定限額內，亦不會被課遺產稅 1。

填寫受益人確實是非常重要的環節！許多常見的例子是，多數人都會將配偶指定為受益人，但有過不少案例是夫妻同時死亡，這種情況下法定繼承人在領取保險金時就會面臨申報遺產稅的問題。因此，建議在指定受益人不要只填一位，最後也一定要再多寫上「法定繼承人」，萬一指定受益

女子幸福
財商課

人身故，其他法定繼承人也能在不被課遺產稅的情況下獲得理賠金。且保險金不像信託需要另外支付保管費，所以許多有錢人都愛用保險來做財富規劃。

Q7. 如何理賠與投訴？

保險理賠是指，當投保人發生事故時，保險公司依照雙方簽訂的保險契約規範，向被保險人或其受益人支付保險金的行為。

至於申請理賠的時間點，則以疾病、意外、事故發生後，因險種、商品的不同，申請理賠的時間點也通常不一樣。需要申請保險理賠時，可請「業務員協助」或「自行申請」，通常需要準備理賠申請書，以及診斷證明書、醫療相關證明或報告、醫療費用收據、死亡證明書等理賠相關證明文件。而不同的險種所需提供的證明文件也不盡相同，建議可請業務員協助或說明，或從商品條款中可找到資訊。

而根據《保險法》第34條規定：「保險人應於要保人或被保險人交齊證明文件後，於約定期限內給付賠償金額。無約定期限者，應於接到通知後十五日內給付之。保險人因可

歸責於自己之事由致未在前項規定期限內為給付者，應給付遲延利息年利一分。」簡單說就是，保戶將理賠資料準備齊全並提供給保險公司後，保險公司應在十五日內給付保險金，否則將以年利率 10% 加計遲延利息。但若逾期原因並非保險公司造成，保險公司則無需加計利息。

Q8. 家人不知道你的保單情況，會有什麼風險？

幫自己買了保險，一旦遭遇事故，家人卻又不知道你的保單實際情況，這便意味著，這個保險很有可能白買了⋯⋯。

為什麼會發生這種情況呢？

根據保險公司理賠規定，要得到理賠需滿足兩個條件：一是發生事故後向保險公司報案，保險公司才能知道被保險人出險；二是受益人向保險公司提交理賠申請，經保險公司審核通過後才能理賠。

如果家人不知道保單存在，那自然就無法報案以及提交理賠申請，那麼保險公司當然也不會主動理賠了。

另外，有些保單是你隨手在網路上購買的，可能自己都忘記了。所以，建議最好把電子保單通通列印出來，並與紙

本保單放在一起。此外也可做一份保險清單，註明保單編號、投保的保險公司、保險責任歸屬、保額、保費、繳費時間、繳費銀行帳號等。而這份保險清單，最好與家裡其他資產證明文件、房地產證明文件、銀行存摺或其他資產證明等放在一起，例如鎖在保險箱裡或某一個可上鎖的櫥櫃中，方便查找或隨時取出檢視做調整。

---

1. 受益人所領取的保險金若未超過 3,330 萬則不會被課稅，但須符合《所得基本稅額條例》規定，施行後投保的保單受益人和要保人「非同一人」，也就是該筆保險金為「死亡給付」。

CHAPTER *6*

善用投資來理財，婚姻幸福又美滿

在婚姻這個利益共同體內，只要長期關注在「愛」這個標的物上，
其實這項投資是可以為妳帶來可觀的複利增長的。

原因是：「愛」其實是一個反覆互動的過程，而在這個過程中，正
好存在著正向的反饋思路。

6.1

建立互信基礎，
與另一半成為「理財好搭檔」

婚姻是從「我」走到「我們」的演變。

婚前的投資是「單打獨鬥」，婚後的投資則是「兩人合作」，這是兩種截然不同的狀態。

▌「兩人合作」，放大投資力道

「單打獨鬥」做投資，說是自由、灑脫，反正都是自己的錢，結果只須自己滿意就好。但萬一投資出現虧損，自己流淚承擔，也無須向任何人交代或做解釋。反觀「兩人合作」來投資，責任往往更大。於情於理，婚後投資的資金，原則上都是夫妻雙方的共同財產。投資盈虧必須共同承擔，風險亦同享。

「兩人合作」投資，彼此信任，相互合作，才能形成投資一加一大於二的效果。就像《愛的複利：用經濟學思維談愛與親密關係》1 一書中所說的：「要在婚姻這個利益共同體內，對『愛』這個標的做長期投資，這個投資是可以帶來

複利增長的。因為愛是一個反覆互動的動態過程，而在這個動態過程中存在著正向的反饋思維。」

1. 讓家庭財富穩健增長

有些家庭裡，先生是「職業投資人」，主要負責家裡的各項投資，空閒時也會花時間在自媒體平台上撰寫和發佈財務分析類的文章。而太太則是將自身的薪水結餘交給先生打理，還會主動分擔更多家務，讓先生能有更多時間和精力在自己熱愛的投資上。

對先生來說，太太的支持讓他備受鼓舞，責任感也隨之增加，投資風格更趨穩健。

2. 讓家庭抗風險能力倍增

有的家庭，若某一方恰巧失業了，若按照平時的家用支出來估算，勢必就得動用原本放在股市裡的資金了。但偏偏當時股市低迷，如果立即贖回，得不償失……。這時候，另一方主動承擔家裡的所有開支，支持對方繼續堅守。兩年後，終於等到股市上漲，為家庭帶來正向收益。因此難怪有人說，婚姻是「風險的對沖」。

3. 提升投資績效

有些家庭裡，某一方對投資房產、基金比較感興趣；另一方則更喜歡投資股市，花下大量的時間看財報、研究行業。投資研究是一件很花時間的事。在做好資金分配的前提下，兩個人決定一起努力，各自鑽研一個或幾個投資領域，這要比一個人更高效。

「兩人合作」一起做投資並無固定模式，可以根據你和伴侶為投資花費的時間、主觀願望等，選擇不同的合作方式。在一段互益的「兩人合作」中，不僅情感相互滋養，還能共同創造財富、享受財富。

信任是「兩人投資」的成敗關鍵

兩人就像是一個創業團隊，白手起家，共創未來。

曾有一位天使投資人對我說過，他投資了一百多家早期團隊後發現，創始人之間的不信任，導致問題出現是最大的風險，而這也是最致命、最難以彌補的。要想發揮「兩人合作」投資的最大威力，信任是核心紐帶，是能力發揮的基礎。

曾有網友向我抱怨，自己為家庭犧牲很多，但先生從不

以爲意，更不會站在她的角度去考慮問題。而先生則表示，妻子一直以來從不體諒他作爲家中經濟支柱所需承擔的壓力，以及他在投資過程中的心緒起伏，總是愛翻「藏私房錢」的舊帳，質疑他把錢用在別處，讓他有苦難言……。

懷疑是婚姻的敵人。心中只要存著懷疑，就會開始過度控制，而過度控制則會導致財務不信任，破壞婚姻中最珍貴的信任感，形成一個惡性輪迴。然而婚姻不是一個人的戰鬥。相互信任、彼此尊重，才能解決婚姻中的現實問題。

▍如何建立婚姻中的投資信任感

究竟要如何建立婚姻中的投資信任感呢？

1. 不論誰主導投資或各自為政，家用帳目公開透明，讓雙方心裡有底……

婚姻中，兩個人最好都知道家庭一年收入多少、花了多少、存下多少，以及家庭有多少資產、多少負債。如果一方沒有收入，創造收入的一方可以每個月將固定的一筆錢轉到「家庭帳戶」中。兩個人可以各自有自由支配的額度，彼此

互不干涉如何用錢。萬一家庭碰到收入瓶頸，兩個人可以一起共同面對財務現狀，商量如何去處理和應對，重建收入來源，一起前進而非停滯不前。

2. 建立家庭的共同目標，齊心追夢

一個網友曾跟我分享，表示能與另一半一起討論夢想是很棒的一件事，這樣不只會增加存款，使財富有更多的可能性，也會讓親密關係的情感帳戶餘額增加。而她和先生的家庭夢想是「提前退休」。

多年來，兩個人努力賺錢，每年各自將收入的 20% 或 30% 存進家庭夢想帳戶中，而這筆錢一直是以大額存單的形式在生利息。而賺錢之餘，兩人一邊簡化生活模式，一邊計算著距離退休日子越來越近，生活可說過得有滋有味。

我們的夢想可能是買房或換新屋，或想轉換跑道從事另一項新工作。但無論夢想是什麼，如果伴侶願意支持也理解你的夢想，更能彼此體諒，共同創富，這就是幸福。

3. 想在親密關係中獲得幸福，請多溝通

曾有網友向我抱怨自己的另一半只要一看到股票跌價或

上漲了，就會開始批判自己的選擇失當，毫不理解和信任自己。但這其實很正常，畢竟人性是「厭惡損失」的，因此一旦不確定目標時，離可能出現的風險越遠越好。

　　婚姻中的雙方，擁有自己的獨立思考和處理金錢的方式，這與性別、成長環境、天生性格、職業取向、個人愛好等因素都有關，也與兩人的溝通和相處方式關係密切。兩人平時多花時間溝通，促進彼此間的瞭解，減少摩擦。比如多與對方聊聊自己對投資的看法和決策，畢竟個人的決定關乎全家的財富命運，請多多益善。

　　此外也可以溝通一下伴侶心中的焦慮，為了幫助對方獲得安全感，需不需要彼此做出一些改變。甚至還能為家庭設立一個「虧損底線」，萬一投資失敗，代價不致過大。畢竟若投資長年虧損，往往也容易影響夫妻之間的信任感。

4. 在婚姻中共同學習投資和成長

　　有一個聰明的太太，她的先生不喜歡看書，和他溝通如何打理家庭資產的時也很少回應。有幾次長途旅行時，她事先下載理財電子書的音訊，在車裡「強行」播放，這樣一來，先生不聽也不行了。而事後證明這個方法不錯，先生對理財

的興趣明顯提高許多。

　　這個太太自己也很注重各種理財知識的學習，經常寫理財日記。她常說，無論是你的父母、伴侶還是孩子，你不需努力說服對方。有時你越想說服，對方越背道而馳。你只有改變自己，才能改變身邊的人；你只有自己做到，才會不知不覺地影響其他人。

　　從婚前獨立投資到婚後成為「投資搭檔」，兩個人不只在經營資產，追求財富回報，也是在努力經營健康、長久的親密關係，探索生活的可能性，而這取決於雙方對彼此的尊重、信任、付出、共同努力和成長。

---

1. 黃徽 著；浙江大學出版社 出版；2021 年 10 月。

6.2

面對投資衝突，如何達成「共識」？

心理學家卡倫・荷妮（Karen Horney）曾說：「想要讓自己的內心獲得更多的自由以及更強大的力量，就必須要在遭遇衝突時，拿出勇氣去面對它，同時儘量去尋找解決辦法。勇氣越大，自由和力量來得越快。」

人無法孤立地存在於現實社會之中，這就註定了人的世界中充滿了衝突，觀念和觀念之間、男人和女人之間、現在和未來之間……到處都有發生衝突的可能性。而婚姻中的某些衝突就與金錢有關。當一方發現另一方已經或即將做出與自己利益不相符的行動時，往往就會產生衝突。

一旦出現衝突，通常會有以下兩種情況。

1.「火星撞金星」式的衝突：兩人互不相讓，吵翻或冷戰

爭吵當中，一方最想要做的是說服和改變另一方，證明自己是對的，對方要認可自己說的。「火星撞金星式」衝突會使矛盾升級，讓事情變得更糟。

2.「自我退讓」式衝突：某一方妥協表示「算了，就讓著你吧！」

為了避免夫妻間摩擦和衝突，碰到了生活上的分歧，有人就算不高興也會委曲求全、默不作聲。而有人選擇大吵大鬧，待發完脾氣後，最後依舊會順著對方。

婚姻必定承載著包容、妥協和責任感。但是，順從、壓制自己的想法，或許會導致家庭形成一種服從關係。這種服從並未真正解決婚姻中的問題，只是在迴避衝突。不管是強勢的一方還是隱忍的那一方，最終都有可能會受傷。

▎你眼裡還有沒有我……？！

一名網友曾跟我說過了一件故事。

在家裡，她和先生對於花錢的想法不一致，經常爭吵。最近則又大吵了一架，起因是她打算拿出家裡的 200 萬儲備金給即將大學畢業的兒子買房，誰知道一查之下竟發現先生早就背著她拿了 100 萬去炒股……。

老婆知道之後說：「你去炒股了！之前怎麼不跟我說，你眼裡還有沒有我？」

老公則輕描淡寫地回話：「錢擺在銀行裡又沒多少利息。等我再多賺一些，到時候妳再拿去換個大房子。」

老婆聽完，越想越氣：「你倒是說得輕鬆，萬一虧了怎麼辦？你心裡有沒有兒子？我不同意！」

老公不予回應，最後只扔下一句話：「妳又不懂。這筆錢現在就是動不了了，先這樣吧……。」

夫妻倆溝通後，不歡而散。

這位網友哭著傾訴了近二十分鐘，我趕緊遞上一杯茶，引導性地問她：「妳最生氣的點是什麼？是老公沒跟妳說他炒股的事，還是他不肯現在就幫兒子買房呢？」

她說：「好像差不多吧……。」

我幫她分析，婚姻起衝突時，往往是情緒在前，理智在後。常常吵到最後，主題都被帶偏。所以我認為，解決婚姻衝突可以分以下三步驟試試看。

第一步：覺察到情緒的發生，從「往壞處想變成往好處想」。讓自己冷靜下來，釋放情緒後再重回真正的問題上。

第二步：聚焦問題，真實且清晰地表達自己的立場和底線。要讓對方聽到，而非猜想你真實的感受是什麼、期望是什麼。

第三步：針對核心問題，提供建設性建議。你提供一個有用的意見，對方可以你的意見為基礎，進行調整，最終得到最適合家庭的方案。

類似「你的眼裡還有沒有我？」、「萬一虧了怎麼辦？」、「你心裡有沒有兒子？」這些話都飽含著強烈、被戳痛的情緒。需明白，婚姻中，對方就是自己的鏡子。在情緒反應下，否認對否認，攻擊對攻擊，衝突怎麼可能不發生。這時候，嘗試去發現腦海中浮現的消極想法，「他總是這樣忽視自己……」、「他太不重視家庭……」。

但這些是真的嗎？

其實，這些想法都是認知層面的，都是因為頭腦中的某種揣測所引發的。人在衝突中容易往壞處想，這是因為現實與你所期待的不一樣，或你害怕會出現與期待不一致的結果。所以只要找到了這些揣測和想法，就能找到情緒出口，並且覺察它。當覺察到負面情緒冒出來時，最好用更積極的想法來代替消極念頭，往好處想，例如「他也想幫家裡多賺錢，不想讓自己太擔心才沒告訴自己。」、「他為這個家付出很多，也很疼愛兒子。」

當然，只有積極的想法還是不夠。讓對方清楚瞭解自己

女子幸福
財商課

的感受、期待、立場和底線，才是化解婚姻衝突的關鍵。比如：

原來的想法是：「你去炒股了！你眼裡還有沒有我，之前怎麼不跟我說？」

這時若剔除判斷，加入感受：「你去炒股了！之前你沒跟我說，我很鬱悶。」

原來想法是：「說得輕鬆，萬一虧了怎麼辦？」

而去掉想法，加入感受和期待後便成為：「萬一虧了怎麼辦？我真的很擔心。我希望家裡存的錢首先是保障安全，其次才是變得更多。」

原來想法是：「你心裡有沒有兒子？我不同意！」

待去掉判斷，清晰表明立場和底線：「我想給兒子買房，你看我們找個時間商量一下怎麼樣？」

馬歇爾·盧森堡博士（Marshall B. Rosenberg）在《非暴力溝通：愛的語言》（Nonviolent Communication：A Language of Life）一書中曾說，越清楚地表明自己的期待和請求，就越有可能得到理想的回應。但請求不是命令，不是發號施令，不是對方一定要按自己的請求去執行。你可以主動表達你的理解，推動對方往解決問題的方向前進。

▍梳理問題之所在，找尋最佳答案

衝突中，最核心的關鍵是剝去情緒，理出真正的問題，提供有用的建議。

這名網友面對的真正問題是：怎麼安排家裡的 200 萬存款比較好？思考後，網友發現總共有以下這三種選擇。接下來，她將列出三種方式的優缺點，然後與對方探討和商量，選擇最佳方案。

第一種，現在就全額購屋

優點是目前居住的區域房價還在漲，早一點買可多省一點錢。缺點是若有投報率更高的方式，全額買房並非是最佳選擇。

第二種，拿出一半的存款買股票

優點是先生已有兩、三年的投資經驗，總計年化報酬率約在 12%，收益較高。缺點是股市存在風險。只有經歷過一輪牛熊市輪迴，才能算是及格的投資者。而剛好前兩年行情不錯，先生獲利好，但這當中實在不排除有好運氣的因素⋯⋯

第三種，把存款通通存進銀行

優點是安全，缺點是銀行定期存款的利息不高，根本跑不贏通貨膨脹，對家庭財富的長期增值不利。網友和先生商量後，共同做出選擇。為了家庭的資金安全考慮，投進股市的 100 萬可拿回一半或三分之一改放在其他投資品項中，藉以分散風險。另外 100 萬則根據家庭實際情況，預留一年的開銷，20 萬放銀行來作為安全資金。而剩下的 80 萬則給兒子作為購屋的頭期款，雖然買房的報酬率不一定比金融商品高，但勝在穩妥，而給兒子買房更是剛性需求。至於未來的房貸，每月則由兒子自行負責，既讓他擔負責任，又不至於壓力過重。

婚姻中，不同的兩個人，擁有著迥異的家庭背景和經濟條件，意味著各自擁有不一樣的金錢觀、眼界格局，這也意味著可能在遭遇問題時會做出完全不同的決定，進而引發衝突。衝突發生時，可採取「滅火式」解決方法。而更高效的解決方法是「切斷火源」，建立「共用現實」的溝通型伴侶關係，從根源上減少衝突。

「共用現實」的意思是，人都是主觀的，每個人看到的現實，都是按照自己的觀念構建出來的。而「共用現實」就

是讓婚姻中兩個人看到的現在和未來，盡可能趨向一致。只有兩個人多花時間在一起「共創願景」，清楚溝通「家庭最重要的財富目標是什麼、夢想是什麼」，才能對感情、金錢、子女、未來家庭的發展，保持一致的判斷和想法，盡量減少衝突。

就算分手，
也別讓財務風險傷害自己……

風險思維是指，理性判斷任何事物都可能發生風險。當風險來臨時，具備風險思維的人懂得提早預防、快速反應。反觀缺乏風險思維的人，遇到事情時總是臨時抱佛腳，難免手忙腳亂。

兩人感情好的時候談財產和權益，彼此還能做到為對方考慮；但是若在雙方已出現隔閡或即將分道揚鑣時再談權利義務，多半只會互不相讓。

▎盡可能讓家庭資產透明化

有一位網友跟我說，她無意中看到先生手機裡的聊天記錄，發現對方竟買了新房，且登記在他姐姐名下，但自己居然毫不知情。

這讓她非常難過也很慌張，不知道如何處理。風險思維是婚姻安全的防護網。我們應該如何防範婚姻中的財產風險呢？

1. 瞭解可能出現哪些風險？

　　財產風險是婚姻中大的風險之一。常見的財產風險包括財產轉移、婚外贈與等。

2. 清楚如何防範風險？

　　不論是誰管錢，對雙方都好的方式是家庭的經濟狀況盡可能透明化。就算沒有時間做出詳細的家庭資產負債表、收入支出表和投資收益表，但彼此至少要知道自己和配偶所有的收入、信用卡還款、醫療支出與孩子的學費等，甚至是任何已知的債務都是。否則控制資產的另一方非容易轉移資產。比如將存款、股票以及購買的房產登記在自己親友名下，或是登記在自己的公司名下等。即使你發現對方轉移資產，也會比較被動。

　　在家庭的財富天秤中，雙方的能量盡可能均衡，家庭會更穩定。比如房產可以登記在雙方名下。存款、理財產品等也不要全部集中在某一人的名下，可以分散持有。存款、股票、基金、保險、藝術品或其他貴重首飾或貴重物品等，最好都要保留購買票據和銀行支付憑據等。實際上，就算財政大權不在自己手中，若丈夫遇到大事能尊重我們的意見，凡

事都願意商量，也可降低風險。

3. 風險來臨，見招拆招

一旦婚姻出現風險，最好不要避而不談，而是要找到問題癥結，化解風險。比如對方不願意坦誠地討論家庭財產的問題，不一定是真的只在意那些財產，不在意夫妻情分。可能是他不喜歡你的溝通態度，或是怕喪失主動權；也可能覺得你對投資理財資訊瞭解太少，說了還不如不說。所以，一旦發現對方固執己見，堅決站在你的對立面，就要對症下藥。儘快調整溝通方式，先消除誤會，互相理解。又或是和對方商量如何在規劃好家庭資產、讓資產增值的同時，也能保有各自花錢的自由度，消除彼此的疑慮。

無論什麼方法，家是講感情的地方，切記不要把外面那套彼此防備的策略拿來對付對方。不然，最後失去的不僅是「財政大權」，更麻煩的是埋下互不信任的種子。

▎分道揚鑣時，如何處理財產？

分手時，如何安排和處理財產，很多女性都會顯得手足

無措。

　　有時候甚至因為心力交瘁，還會選擇主動放棄財產的分配。可是女性離婚後多半會面臨財富縮水、開銷增加等窘況。一項調查發現，離婚女性的家庭收入降幅高達 27%，甚至這種下降趨勢會持續很長一段時間。

　　通常在一個家庭中，夫妻雙方的收入大多是有區別的，男方經濟收入高於女方的情況較多。但從法律上來說，分割共同財產是在清償債務後，依據一人一半的原則進行平均分配。婚姻中，不能因為一方沒有工作，或是收入較少就剝奪分割一半共同財產的權利。因為另一方操持家務，照顧孩子，也為家庭作出很多貢獻。

　　尤其是對於全職太太來說，離婚帶來的經濟損失更嚴重。她們可能錯過了職業上升的黃金期，離婚後想要重回職場，並非易事。婚姻中雙方都是平等的，權益也平等。畢竟離婚後，自己和孩子的生活都需要基本的物質保障。

　　同時，女性也要冷靜下來徹底梳理清楚，自己有多少收入可以支配，多少支出必須花費，接下來應該如何減少花銷並發揮所長，提高目前的收入。只有儘快做好獨立的準備，才能讓日後的生活有保障。

當然反過來說，財產較多的人也不一定就不能伸張權益，若覺得判決的分配不公平，例如認定對方對家庭都沒有付出，離婚時卻來向有付出的一方要求分配財產，那麼財產較多的這一方可向法院「請求調整或免除分配額」。

▎離婚時，如何分辨金融財產和無形資產？

一旦確定離婚，如何分割名下資產，還要視具體情況來做分析。

1. 判斷是婚前財產還是婚後財產[1]，以及是否「主動增值」？

首先，不論房地產、銀行存款、股票、保單價值準備金、名下的汽車等都會轉換成「數字」，也就是判決時會寫「A 應給付 B 新臺幣 OO 元」，而不是寫 A 應把自己名下的房屋登記一半給 B！再來，法定財產制把財產分成，結婚前取得的「婚前財產」及結婚後取得的「婚後財產」。

根據《民法》第 1030 條之 1 第 1 項規定：「法定財產制關係消滅時，夫或妻現存之婚後財產，扣除婚姻關係存續所負債務後，如有剩餘，其雙方剩餘財產之差額，應平均分配。

但下列財產不在此限：一、因繼承或其他無償取得之財產。二、慰撫金。」因此，剩餘財產的計算公式是：

【step1】婚後財產－婚後負債－因繼承取得之財產－因無償取得之財產－慰撫金＝各自之剩餘財產（負數則以 0 計算）

【step2】（剩餘財產多者－剩餘財產較少者）÷2＝平均分配額（剩餘財產較少者，可向多者請求剩餘財產分配的數額）

舉例來說：丈夫的婚後存款是 50 萬元，結婚後買了不動產總價 350 萬元，因此婚後財產是 400 萬元。妻子的婚後存款是 100 萬元。

（400 萬－100 萬）÷2＝平均分配額 150 萬元，所以妻子可向前夫請求 150 萬元。

而台灣的夫妻財產制度分為「法定財產制」、「約定財產制」兩種，而約定財產又可再細分為「夫妻財產分開制」和「夫妻財產共有制」兩類。

通常台灣的夫妻多數法定財產制。基本上，法定財產制類似「雙方默認」的財產制度，根據《民法》第1005條規定：「夫妻未以契約訂立夫妻財產制者，除本法另有規定外，以法定財產制，爲其夫妻財產制。」也就是說，若無法證明這筆資產是婚前或婚後的財產，那麼將會被一律視爲婚後財產。另外在婚後所生之孳息，同樣視爲婚後財產。

　　那如果一開始有立定契約，想從「約定財產制」改爲「法定財產制」，其實也是可以的，但在改用上述財產爲「婚前財產」前，需依照《民法》第1017條規定：「夫或妻之財產分爲婚前財產與婚後財產，由夫妻各自所有。不能證明爲婚前或婚後財產者，推定爲婚後財產；不能證明爲夫或妻所有之財產，推定爲夫妻共有。」

　　最後則是約定財產制，這其實是一種基於夫妻雙方的協議來確定財產權益和管理方式的法規，立契約並向法院登記，就可生效。雙方甚至可以進一步分爲「夫妻財產共有制」和「夫妻財產分開制」，許多夫妻不想干預對方的資產、或是考量金錢觀差異或其他目的，就會使用約定財產制。

2. 如何劃分無形資產，能否轉化為現金？

分手時，除了房子、存款、股票等，還可能涉及智慧財產權等無形資產。比如對方在婚姻中取得的多項專利，或出版的作品是否可以分割呢？

依照法律規定，智慧財產權的分割並不以取得時間為判斷標準。智力成果只有轉化為有形財產後才屬於夫妻共同財產，如因轉讓專利獲得的轉讓費、因發表作品取得的稿費等。沒有實現其價值的財產性收益不能估價，也無法予以分割。配偶在共同生活中付出的勞動，可從其他財產中予以適當補償和照顧。

如果一方是職業作家、職業發明家，另一方一邊工作、一邊照顧家庭，為保護自己的利益，不從事智慧財產權創造的一方可以事先約定婚姻關係存續期間所得的智慧財產權歸夫妻共同所有或者部分各自所有、部分共同所有。

3. 根據「實際情況」來分配保險

現在很多人會將財產放在保單中，而如果這張保單的要保人和受益人是丈夫或妻子，那麼即便被保險人已不再是夫妻關係，這也屬於要保人的財產。所以若妳問我：「離婚時，

保險可不可以做分配？」基本上，婚後才投保的儲蓄險保單也可以列入離婚後的剩餘財產分配中。

‧基金：有些人會選擇購買基金作為投資使用，這也被視為財產的一種，一旦確認是婚後財產，就同樣能被分配。

‧保價金2：亦稱保單價值準備金，實際上保價金雖名為放在保險公司，但要保人行使權利（如要求提前解約）時保險公司就應該付錢，因此實際上財產權利仍由要保人享有。所以即便要保人並未提前解約取回保價金，但還是要把這筆錢當作要保人的財產。而既然視作要保人的財產，只要這筆保價金最後被認定為婚後財產，就可作為剩餘財產來分配。

另外還有像是保單解約金，只要這筆解約金被歸類為「婚後財產」就可以要求平分！

‧保險受益人：我選擇使用壽險來說明離婚後，前配偶，子女與法定代理人的狀況。假設若離婚後的保險受益人填寫的對象是「妻子」，那麼妳若想知道前配偶離婚保險利益是否還存在，根據台灣現行司法實務及多數學者見解，大家普遍認定對方若出意外時，前配偶還是能夠領走保險理賠金。

理由是：受益人的權利多半來自保單上的指定，而非婚姻關係是否存在？因此與保險受益人離婚，並不會讓前配偶

喪失權益。而既便欄位只寫「妻子」而未確實登記姓名，只要離婚後並未在保單上變更受益人，也未再婚，那麼前配偶的受益人資格就依舊存在。

最後是所謂法定代理人的問題，基本上很少出現當初為孩子購買的保單上，受益人寫的是「法定代理人」，這不僅容易出現爭議也更傷感情，所以不論如何，避免爭議最好的方式就是在受益人欄位寫上「名字」，不要只用「代稱」！

提醒大家，請求分配剩餘財產的模式是用「婚後財產」來估算。即便上述所提的各種與保險有關的資產被視為夫妻共有財產，最終還是要個別認定為「婚後財產」後才可請求分配！

在婚姻中講錢、爭論權利義務，並不算是傷感情的事。即使一段親密關係經營得再親密，也始終應該為自己預留一份清醒。當這段關係真的無法繼續時，請記得做好充分準備，守住本屬於自己的權益。

1. 根據《民法》第 1020-1 條、第 1020-2 條規定，)婚後財產是以「現存」財產
   做為分配原則，若夫妻之間為了減少對方的剩餘財產差額分配請求權，而有贈
   與或買賣等減少自身財產行為，對方可請求法院撤銷該行為！而這個「撤銷
   權」，從夫或妻之一方知道有撤銷原因時起，六個月間不行使，或自行為時起
   經過一年而消滅。
2. 是指繳納保費扣除保險公司的成本後，存放在保險公司裡，支付未來保險金的
   錢。而這筆錢的功用在於，若有資金需求時可提前解約，此時保險公司會以保
   價金的金額，扣除必要費用後，將保價金作為解約金退還給保戶。

CHAPTER 7

培養高財商的下一代：
如何與孩子談錢？

聰明的媽媽會和孩子「談」錢。

「談」主要是溝通，溝通是雙向的，父母和孩子彼此看到、聽到、
有回應，讓財商教育在愛中直達內心。

7.1

用自己的人生，幫孩子畫「草稿」

在父母親財商講座和一對一的諮詢中，我曾聽到有些父母親發表過類似的困惑：「現在的孩子都不怎麼用紙幣或硬幣了，平時習慣用手機付費，好像手機裡總有著用不完的錢⋯⋯。」

如何才能讓孩子知道，金錢得之不易？

孩子偷偷地花錢幫手機遊戲加值，怎麼辦？

孩子和同學交易，眼裡只有「錢」，怎麼辦？

小時候，父母沒教過怎麼和金錢打交道，都是靠自己慢慢摸索。就算成年後，也從未有系統地學過這方面的知識。生活中，面對孩子認識和使用金錢的問題時，到底應該如何進行金錢教育，很多家長都有過類似困惑。

其實，傳授金錢教育最好的方式，就是身教—用自己的行為來給孩子做示範。父母通常是如何看待金錢的，孩子也會照著這麼做，就像是照鏡子一樣。

身教 1：花錢有度

金錢教育中常出現的誤區是，父母給孩子「硬塞」一個正確觀念，比如「你不要花錢沒分寸……」，但弔詭的是，父母親自己並未按此模式行事。

有一個網友跟我說，自己每次工作壓力太大時，就會透過刷卡買東西的方式來紓壓。除了給自己買，她還會幫女兒買各種公主裙。就像是女兒很喜歡買各種玩具，有些買回家玩個幾次就丟在一旁不玩了。待等到市場上又出新款了，她便再要求媽媽買新的給她。媽媽看到總覺得很奇怪：「為什麼我講了這麼多道理，讓她不要亂花錢，孩子卻不照著做呢？是我的方法不對嗎？」

孩子大約在五歲時便會開始發展出自己的金錢觀，而消費習慣則是更早就有了。通常是從看到父母親消費開始，孩子就會慢慢形成自己的消費邏輯。孩子會下意識地模仿媽媽衝動的消費行為。後來經過諮詢，這位媽媽漸漸意識到自己的失序行徑，明白若要讓女兒不亂花錢，那麼得從改變自己的購物習慣做起。

身教 2：生錢有方

某一個從事家庭教育諮商的同業曾說過一句話，令我印象非常深刻：「父母可能是孩子發展的天花板，也可能成為他們的絆腳石。」以風靡的「富爸爸」和「窮爸爸」理論為例，財富認知的差異，導致每個人的財富格局不盡相同，孩子們從大人身上學到的東西，往往也不一樣。

「富爸爸」讓錢為他工作。待賺到錢後，「富爸爸」再去購買或創造提供現金流的資產，進而獲得真正的財務安全。「富爸爸」的孩子學到—不斷學習財富知識，不負擔金額過大的債務包袱，讓錢為自己工作，獲取真正的資產。反觀「窮爸爸」則是為錢工作。他害怕承擔風險，渴望用錢來購買更多快樂、舒適和安全感。所以，「窮爸爸」不得不拚命工作，藉此提高收入，但收入的提升又會催生自己生出新的欲望和對未來的焦慮和恐懼，這種輪迴使得「窮爸爸」終其一生會一直追著錢跑。而「窮爸爸」的孩子也就會學到—努力學習，為了謀生而工作，待賺到錢後再去消費，消費後再繼續賺錢……。

當然，這種對比僅是一種參考。

沒有人能教別人自己不懂的觀點。父母的認知寬度，也會影響孩子的認知範圍。要想讓孩子從小養成財富思維和習慣，父母最好也同步學習金錢知識，學會如何用錢，而非害怕它或是乾脆避而不談。

有些家長擔心：自己缺乏專業的金融背景知識，又該怎麼幫助孩子建立財富認知呢？其實，和孩子一起讀書、玩遊戲，一起成長進步，也是很不錯的方式。比如透過玩桌遊的方式，引導孩子用一種「安全」的方式來模擬現代人獲取財富的過程。就像我的孩子便很喜歡兒童版的「現金流遊戲」。

「現金流遊戲」的「主角」是幾隻顏色不同的老鼠，所以，「現金流遊戲」又被孩子和他的同學們戲稱為「老鼠棋」。

「老鼠棋」的規則是，待其中一方的被動收入超過主動收入時就算獲勝。被動收入是指除了薪水以外的收入，比如資產。玩家獲得收入後，最好盡可能地多多購買資產。遊戲中，孩子們要不斷計算手上握有的收入和負債，換取資產，讓代表被動收入的三角形越來越多，最終實現財富自由。

待孩子再大一點時，父母們也可以跟他們一起玩「卡坦島遊戲」（Catan）[1]。卡坦島遊戲的規則是盡可能多地收集資源，在島上建設道路、村莊、城市，購買開發卡等。而第

一個累積資源總分達到 10 分的玩家獲勝。在玩遊戲的過程中，每位玩家很難單靠自己生產獲得城鄉發展所需的所有資源。所以，玩家之間既要競爭，也要透過靈活的交易，達成合作。

玩遊戲的好處是，把對孩子來說比較難懂的理念和知識轉化成遊戲規則和目標，使孩子不知不覺地對「要多多創造被動收入」、「資源是財富的一種形式」等理論多出一份感性認識。而這些「生錢」的認知，就像一顆小小的種子，成功地種在孩子的心中。

為孩子的人生畫「草稿」，並不是說父母親一定要在某個領域樹立一個完美的好榜樣，而是讓孩子看見父母親對待事物的積極態度和習慣。這世上沒有完美的孩子，也沒有完美的父母。每個人都需要成長。父母和孩子可以互為老師，當孩子發現父母也在自己不熟悉的領域努力，相信他們也會起而效仿。

▌身教 3：護錢有法

父母還常常會擔心，孩子們的成長深受網路世界和手機

的影響，要是一不小心落入有風險的金錢陷阱，怎麼辦？加上網路平世界裡充斥著各種資訊，孩子要是不小心碰到了，又該怎麼辦？

一個網友跟我說，她會想想自己平時如何分析各種各樣的資訊，去蕪存菁。而讓她避開風險的最大心得是，不斷建立和強化理性的思考方式，避免衝動決策，盡可能拉長決策過程。比如遇到網路社群平台或電話推薦各種不實的投資產品時，她心動過，也踩雷過。後來，她反省自己當時根本沒有仔細查驗對方的實際資訊，也沒有評估箇中是否有隱藏哪些風險，只是一昧地相信，不久之後便會有豐厚的獲益，進而匆忙做出決定，結果自然是白白損失了金錢……。

從此以後，她在下決策之前都會「強迫」自己，至少要保留不少於一個月的思考時間，多方收集資訊，將風險寫下來，再來細細比較。除了自身不斷培養理性思維，她更將「場景案例法」引入孩子的金錢風險教育中。從小就與孩子交流、探討生活中曾經遭遇到或聽說過的金錢詐騙事件，甚至陪著孩子一起閱讀通俗易懂的經濟學書籍，藉此開闊眼界，提升辨識力。

她還常常和孩子一起讀廣告，玩「跳出資訊」的遊戲，

鍛鍊孩子理性思維的能力。具體做法則是：看到一則廣告時，她先讓孩子想一想：

這個廣告的目的是什麼，它想讓你做什麼呢。再看看，廣告裡哪些資訊是觀點、哪些是情感描述、哪些是事實。

箇中隱藏著哪些隱蔽的資訊，廣告裡沒有提到過？比如經常吃某些食物是否有害健康？

廣告推銷的觀念，在現實中的確真實可行嗎？比如真有穩賺不賠的事嗎？

你是真的需要它，還是想要它？

需要是不可或缺的東西，想要是主觀的願望和感受。有時候想要等於需要，有時候想要大於需要。一個人得到了想要的東西，就一定能滿足自己的需要嗎？在這樣的溝通下，孩子思考問題時，能夠感受到環境、情緒、經驗、他人等對自己決策的影響，更理性做出選擇。真正的金錢教育，是用自己的人生給孩子「打草稿」。父母盡可能給予孩子精神上的支持、啟發智慧、培養正確的信念，這些行動看似無形，實則影響深遠。

而且，父母也不用顧慮自己是否要具備「成功」或「正確」的形象。一旦擁有想當一名完美父母的執念，反而容易

苛責自己，患得患失。只要你在未知的新領域，始終帶著猶如孩子一般的好奇心，並在各種生活的練習裡呈現出真實的成長狀態，這就是送給孩子最好的榜樣。

---

1. 由德國人克勞斯・托伊伯（Klaus Teuber）發明的桌遊，最初由科仕謀思公司以「卡坦島拓荒者」（Die Siedler von Catan）的名字在德國發行上市。曾獲1995 年的德國年度遊戲獎，截至 2015 年，這款遊戲被翻譯成三十多種語言，銷售量逾 2 千萬。

7.2

該對孩子說：
「爸媽賺錢很辛苦，我們並不富裕？」

　　當孩子在生活中遇到各種各樣的金錢問題時，這其實正是一個非常好的溝通機會。媒體大亨魯柏・梅鐸（Rupert Murdoch）說過：「金錢教育是人生的必修課，更是兒童的教育中心，這就如同金錢是家庭的重心之一一樣。」

▎談錢時，別帶著情緒……

　　有位媽媽下班回家後，發現幫孩子花了上千元買的玩具飛機摔壞了。媽媽火冒三丈，教訓了孩子一頓，數落他們「不懂得珍惜錢」。事後，媽媽又有些自責，覺得自己不應該發這麼大的火……。

　　我問這位媽媽，如果這個玩具不用花錢，妳還會這麼生氣嗎？這位媽媽愣了一下，想想之後表示，自己可能還是會生氣，但應該不會發這麼大的脾氣了。接著她又說，自己平時連一件好衣服的捨不得買，省吃儉用地幫兒子買了最貴、

最新款的玩具，但卻被他「玩壞了」，這讓她覺得很委屈。

　　父母和孩子談錢時，常會摻雜著「情緒和以往的經驗」，這些都可能會決定孩子將來對待金錢的態度。這位媽媽和我聊完後反省自己，摔壞玩具固然不對，但自己發這麼大火也沒必要，主要是「過度補償」的心理在作祟。其實，只要直截了當地和孩子說，告訴他們孩子什麼是對的、什麼是不對的，孩子通常都能明白其中道理。

　　普通的父母給孩子花錢，有遠見的父母會和孩子談錢。

　　有時候難免會因為一時的情緒失控，做出錯誤的管教行為，但這也沒有關係。大可在發現自己錯誤後，真誠地向孩子道歉。何況承認和糾正錯誤本就是一個人自信、勇敢的表現，何樂而不為。

▌談錢時，只說「事實」

　　很多父母會對自己的孩子說：「我這麼辛苦賺錢都是為了你，你懂不懂……？」，或是說「你以為咱家多有錢？省著點花……」。父母說這些話可能只是無心或發發牢騷，想讓孩子明白自己的付出，珍惜現在的學習和生活條件。

但孩子接收到這樣的訊息時，心裡容易產生內疚，覺得父母為自己付出和犧牲太多，甚至覺得自己和父母之間就是「回報」和「被回報」，而不是「愛」和「被愛」、「鼓勵」和「被鼓勵」的關係。這種負疚感甚至會延續到孩子成年之後，即使是一筆合理的花費，也會讓孩子非常糾結，捨不得，自我肯定感變低。如果父母表示「賺錢很辛苦」時，只是陳述事實，不帶有潛在的主觀評價，例如「你根本都不懂得我們有多辛苦……」。對孩子來說，就不太會產生負作用。

比如和孩子商量買禮物時，父母可以說：「爸爸媽媽賺錢很辛苦，和你商量一下，一年買兩次禮物，在你生日的時候和元旦的時候，每次買禮物的金額在 300 元以內。萬一有特別喜歡的，稍稍超出一些，可以商量。如果你買禮物的錢不到 300 元，省下來的錢可以用來買零食。這些都由你自己決定，你覺得如何？」改用平和的語氣和真誠的態度去跟孩子交流，常常會得到讓人滿意的回應。在人和人的溝通中，談話內容只佔資訊交換量的 7%，另外有 38% 是音調和音量，55% 的資訊交換則來自眼神、肢體語言、情緒乃至氣場。換言之，父母的心態和出發點很重要。

當孩子犯錯時，我們可以向他們解釋清楚。儘量不要用

「居高臨下」的語氣和孩子交談，這樣只會讓親子之間產生隔閡感，阻礙真正的溝通。

別抗拒與孩子聊「錢」

《反溺愛》（The Opposite of Spoiled）的作者羅恩‧利伯（Ron Lieber）說：「孩子只有從小懂錢，長大才會真正富有。」不過，還是有很多家庭迴避和孩子談錢。比如關於要不要告訴孩子家裡的真實收入情況，一部分人選擇「不說」，因為害怕孩子就此「躺平」1；還有一部分選擇「說清楚」，待孩子上國中以後，便開始慢慢地讓孩子知道家裡真實的收入情況，讓他們開始了解真實的世界。

到底要不要告訴孩子家裡的真實收入？這個問題並沒有一個標準答案，這既要考慮孩子的年齡、認知成熟度，也要看家庭平日的溝通習慣和財商培養的方式。就算不告訴孩子家裡的收入，父母至少可以和孩子溝通以下幾個方面的問題：

‧告訴孩子家裡的錢從哪裡來？。比如一部分收入是薪水，一部分是理財收益、興趣收入或其他等。

‧告訴孩子家中真實的支出狀況。比如日常開銷，包括

學費、各種生活基礎開銷、保險費等；甚至連外出用餐、外出旅遊的費用等都可一一告知。

‧跟孩子解釋自己是如何投資理財。比如每個月會拿出薪水當中的幾成來\投資或儲蓄，投資金額和種類又是怎麼確定的，甚至是如何做到分散風險。

不論是否告訴孩子家庭收支的真實現況，其最終目標無非是希望孩子既不隨意揮霍金錢，也要落落大方地看待金錢、不斤斤計較。所以，最重要的還是父母本身是否具備合理的金錢觀，並且正確地傳授給孩子。只要家長對待金錢態度中立，既不過分看重也不盲目崇拜，孩子自然也會避開自卑或攀比。

父母害怕和孩子談錢，部分原因是擔心孩子一旦與金錢沾上了邊，就會開始變得市儈，「眼裡只有錢」或是「覺得金錢就是萬能的」。但其實越不與孩子正面談錢，反而越容易讓孩子得不到正確的金錢認知。與其讓他們從電視、網路新聞、聚會時成年人的交談、孩子之間的交流等處，片面地傳遞或取得種種不一定正確的金錢資訊，讓他們不自覺地拼湊、猜測看到和聽到的資訊。如果不幸上述資訊裡缺乏對金錢認知的正確引導，豈不是反讓孩子從小便養成了錯誤的觀念。

聰明的媽媽要懂得創造溝通場景，例如餐桌教育就是非常好的方法，比如和孩子聊聊自己推薦給他們看的財商書籍、電影；孩子學校或是社會發生的金錢事件等。看似是隨意的閒談，但只要認真對待，都能賦予教育的內涵。

總之，「不談錢」和「看重錢」一樣，都是一種缺乏自信的表現。

▎談錢時，不能只談錢……

某些家庭和孩子談錢的方式，就是採用自身行為來讓孩子知道「金錢就是我表達愛意的唯一方式」。和很多同齡的孩子相比，小西的經濟條件優渥。由於父母平時忙於生意，很少和她聊天。父母除了每個月固定給她零花錢，有時還會補償性地幫她買各種禮物，比如包包、項鍊、衣服等。這種互動模式讓小西產生了一種錯覺，認定金錢就是人際關係中，對人表達心意的重要方式，也是自身能力的體現。

金錢確實重要，可是人生的意義遠不止金錢。金錢可以買來禮物，但買不來朋友；金錢可以買來書，但買不來知識；金錢可以買來名錶精品，但買不來時間；金錢可以買來房子，

但買不來家庭。我很欣賞自己的一位大學室友，自己在養育孩子的過程中，同時獲得了博士學位，而三個孩子也先後考進著名大學。在她看來，讓孩子知道金錢不能買到什麼，其實是很重要的一種「財商教育」。

比如她出差兩周，會給孩子準備幾個小禮包，告訴他們每天可以拆開一個……。朋友以為這些小禮包肯定既精緻又貴重，但她卻說，小禮包都是用普通的紙袋裝的小東西，只是希望透過這種方式，讓孩子感受到媽媽一直都在身邊關愛著他們。反倒是孩子表現優異，她反而很少會用金錢來獎勵，而是代之以快樂的家庭遊戲。在她看來，父母總覺得工作就能給孩子創造更好的條件，提供更好的生活，殊不知，孩子最需要的，其實是父母付出時間陪伴和關愛的心意。

總之，聰明的媽媽會和孩子「談」錢。「談」主要是溝通，而溝通是雙向的，父母和孩子彼此看到、聽到、有回應，讓財商教育在愛中直達內心。

---

1. 中國大陸流行的網路用語，意指年輕人出現「與其跟隨眾人期望持續奮鬥，還不如選擇『躺平』，無欲無求」的處事態度。其具體行為包括不買房、不買車、不談戀愛、不結婚、不生孩子、維持最低生存標準，拒絕成為賺錢的機器、被企業主剝削的奴隸。

學校要辦跳蚤市場，
如何訓練孩子的「創富」精神？

一個經營有機食品的媽媽，曾在一次講座上分享自己帶孩子參加食品業的商展經歷。當時，這位媽媽拿了一些海報給孩子，讓他們幫忙派發。

孩子第一次做「銷售」，心中難免緊張。他害羞地站在攤位前，望著來來往往的人，不敢開口。這時，有位好心的阿姨經過，從孩子手中主動拿過宣傳單，還與孩子聊了幾句。得到鼓勵的孩子很開心，主動跑過來向媽媽瞭解產品的資訊，再傳遞給詢問的大人們。後來，孩子甚至幫忙賣掉了好幾樣東西。

參加了商展後，孩子萌生了「創業」的想法。他想找同伴一起利用業餘時間來創業，但可惜沒有什麼人回應……。但他的孩子並未因此沮喪，反而又想到了一個新點子：透過網路來教小朋友念英語。

聽完這位媽媽的分享，我想起投資家吉姆・羅傑斯（James Beeland Rogers Jr.）鼓勵自己十四歲的大女兒樂樂學

習賺錢的經歷。樂樂雖然出生在美國，卻能說上一口流利的中文，她主動尋找當中文家教的機會，輔導更小的孩子學中文，每小時能夠掙 25 美元。

而股神巴菲特小時候也經常做「買賣」。他曾在當地的圖書館借了一本叫做《複利的本質：賺 1,000 美元的 1,000 種方法》（One Thousand Ways to Make ＄1,000）的書，這是啟蒙股神巴菲特致富心態的第一本書，讓他開始持續複利的雪球式思考，內容讓巴菲特如獲至寶。

巴菲特從芝加哥進貨賣二手高爾夫球，售價為 6 美元 12 個。高爾夫球的進價是 12 個 3.5 美元。每賣 12 個高爾夫球，便可賺進 2.5 美元。他還向內布拉斯加州（State of Nebraska）以外的地區出售值得收藏的成套郵票。

巴菲特曾經坐在朋友家的台階上宣稱：「我在三十五歲之前要成為百萬富翁。」現在，巴菲特已是舉世聞名的投資專家。

在孩子從小體驗賺錢的過程中，可以身體力行地學習如何面對困難、挑戰困難。孩子要想獲得金錢，就要懂得付出與回報，以及為他人創造價值與獲得利潤的關係。

▌跳蚤市場：孩子們實踐「創富」的地方

雖然不是每個孩子都擁有獨立創富的場景和環境，但孩子們天然擁有一個很好的「創富」實踐地點：跳蚤市場。孩子在有條件的地方裡擺攤，作為攤主，他們要努力售賣自己帶來的商品。同時，他們也是小買家，可以挑選自己想要購買的物品。

「跳蚤市場」起源於 19 世紀末的法國。跳蚤市場一般都是在戶外，那裡有許多攤販出售各種各樣的東西，有不少都是用過的舊東西，新的東西也有，價錢也很便宜。不論是學校還是幼稚園、社區舉辦「跳蚤市場」，孩子們都

非常喜歡。據我觀察，孩子的跳蚤市場多半以原生態的交易為主，大都是單人進行，有時候也會分組，但是因為缺乏指導和組織，分組有可能流於形式。

其實，父母可以多和孩子一起討論，類似「你會選擇哪些東西來買賣，你為什麼要這樣選擇」等問題。

‧你覺得會有人喜歡你的選擇嗎？

‧你之前買東西的經驗，對你有哪些啟發？

‧關於產品價格，是否只有降價一條路可走？

‧如果想擴大營業額，你還有哪些做法可以試試？

‧銷售當天，若有人跟你討價還價，你會賣給他們嗎？

擺攤類似「最小化的創業」。就像《精益創業：新企業的成長思維》（The Lean Startup）一書中所說的，利用最小化可行產品（MVP）去快速驗證假設，是創業起步常用的方式。如果父母精心準備，認真對待，能夠幫助孩子學到不少經濟、商業知識。

有些地方會將類似跳蚤市場的活動，叫作「市場日」。五到六個孩子成立一個微型「公司」，共同商量如何選擇商品、製作廣告、製作產品。有些產品全部或部分是孩子手工所做。一個小組的孩子要有分工，明確誰負責採購，誰負責當天的銷售，誰負責成本核算等。

看似簡單的「市場日」，其實有特別多有意思的地方。父母還可以和孩子一起動手製作廣告看板、商品目錄、價格牌等。如果是幾個小朋友賣產品，可以提前做好分工，再設計一張名片。甚至還可以做一張價目表，計算商品的成本、定價。待賣完後再一起算算究竟賺了多少錢？再和銷售目標進行比對。

創造財富，其實有很多種可能……

　　我曾參加過一位理財作家的教育講座，感觸非常深。她留著一頭棕色頭髮，繫著優雅的絲巾，充滿智慧。此外，她精通八種語言，已出版過多本暢銷書。目前兩個兒子都在三十歲前，成為擁有眾多資產的富豪，而這都得益於她採用了獨特的財商教育方式。

　　早期，她迫於生計在市場賣春捲。在鄰居的金錢教育觀感染下，她讓三個孩子統統加入生意中來，孩子們承擔了責任後，更能理解媽媽的艱辛。而她採用「有償機制」，激勵孩子們參與春捲生意。妹妹幫忙準備材料，老大做春捲，老二賣春捲，三個孩子分工合作，共分利潤。老二上街賣春捲的挑戰最大，得到的報酬相對也多一些。

　　後來她又宣佈，以批發價將每個春捲賣給孩子們去自行加價銷售，利潤自得，這個舉動激發了孩子的好勝心。三個孩子積極開動腦筋，尋找解決問題的方法。老三沿用之前的零售方式，加價銷售，一個一個賣；老二則採用批發的方式，將春捲全部賣給了一個餐廳。儘管批發比零售利潤要低，但餐廳同意他以後為食堂定期供應春捲。

倒是老大的銷售方式最出人意料，他舉辦一個相關的講座，自己主講。參加講座的人可以免費品嚐美味的春捲，但需要購買入場券才行。結果，老大主辦的講座場場爆滿，扣掉場地費用後，他的利潤竟是三者當中最高的。

這讓她十分吃驚，在她的羽翼呵護下長大的孩子，沒想到竟有如此強大的溝通、解決問題的能力。所以，創富教育其實是發現真實的問題是什麼，思考解決方案，再去找到解決這些問題的方法。給孩子千萬財富，不如培養孩子創富的能力。金錢只是創富教育成功後，自然而然的產物，並非追求的主要目標。

在以往的財商夏令營活動中，我也帶著孩子們開展過各種商業類比活動，比如編列預算，幫朋友策劃一個主題派對或生日聚會；設計一個茶飲店來贏取創業基金；為一個古建築制訂改建計畫等。而財富本身的形式也是多種多樣的。我經常組織孩子們「畫」出自己心目中的財富。財富不只是錢，也包括人際交往、身心健康等領域，如何讓孩子們學會幫助他人，也是很重要的財富。

總之，「創富」不等於賺錢，而是幫助孩子瞭解創造財富的可能性，讓孩子養成多元思考問題的習慣。

怎麼處理壓歲錢？
與孩子們一起規劃教育基金

「家人共守迎春酒，童稚爭分壓歲錢。」元代詩人吳當在《除夕有感 ‧ 其二》中曾經這樣寫道。

每逢過年，壓歲錢被裝進一個個紅包裡，然後再交到孩子們手上，其中滿含著親人的祝福和期許。我和家中的長輩在幫孩子準備壓歲錢時，通常除了現金，還會額外準備一些「不一樣的壓歲錢」。

壓歲錢不一定只能給「錢」

1.「不一樣的壓歲錢」之一：生肖賀歲幣

例如中央銀行每年會發行的生肖套幣，就是我們常會用來送給孩子們的新年禮物。就像今年（2024 年）發行第三輪生肖紀念套幣系列第八套「甲辰龍年生肖紀念套幣」，每套售價新台幣 1,900 元，我覺得就很有收藏價值。

2.「不一樣的壓歲錢」之二：郵票

例如台灣新任總統、副總統上任時也會發行紀念郵票，1套 4 枚及小全張 1 張，郵票面值分別為 8 元、15 元各 2 枚、小全張面值 28 元。這也是一種相當別出心裁的餽贈。

財富是時間的藝術。雖然這些收藏品的增值空間未必很大，但是我希望能讓孩子感受到用長久的時間、耐心積攢財富的快樂。更重要的是，這些紀念幣、郵票所能帶給人們愉悅的感受，才是我孜孜不倦的動力所在。在收集的過程中，家人一起討論、欣賞、暢想，度過了親密的親子時光，這其實才是財富最大的意義。財富不應該只是拿到一筆冷冰冰的錢，它應該是一道橋樑，通往快樂與幸福。

壓歲錢，應該是孩子拿到的第一筆「贈與」。從所有權角度來說，壓歲錢專屬於孩子，但是從使用權角度來說，父母可以起到監督作用。由於壓歲錢的「所有權」和「使用權」分離，每年「壓歲錢怎麼打理」這個話題都會引發很多熱議。有的父母覺得，孩子收到壓歲錢的同時，自己的人情支出也是等額的，所以直接將這筆錢併入家庭的總帳中，或者自己拿來花掉。

每一家的經濟狀況都不同。孩子拿到壓歲錢的時候，往

往是家庭金錢教育的「視窗期」，如果家裡不是迫切需要這筆錢來支付家庭開支的話，很適合拿這筆錢和孩子聊聊金錢的去向，幫助孩子建立金錢觀。

▌第一個罐子：先犒賞自己

在孩子還小的時候，我會幫他建立三個「透明罐子」。

第一個罐子是快樂的罐子，裡面大約有 1,000 元，可以用來買零食、買喜歡的衣服、週末和同學出去玩時的花費等等。待設定好預算，讓孩子快快樂樂地花錢，滿足自己一年來最大的心願。

犒賞自己 自我規劃 給他人的

其實成年人也應如此，一年下來，要學會獎勵辛苦的自己。給孩子的這筆錢只要不超支，本該由孩子自己做主使用。若實在不放心，可以簡單問問孩子打算怎麼花，但切勿過度干預。

　　可能有些父母會擔心孩子亂花錢。但其實，有了預算的約束，即使犯錯也不致太離譜。而犯錯其實也是學習的一部分，尤其是孩子若能自行糾正錯誤，比如買了過多的零食、玩具等，這也是好事一椿。反倒是孩子成年後若依舊無所顧忌地亂花錢，影響更大。有些人可能由此成爲「月光族」，甚至借貸去消費超出自己償還能力的東西，負債累累……。與其總是把控主導權，讓孩子變得不願思考，習慣依賴父母，那還不如放手讓他們做主，因勢利導，這樣更有利於孩子修正錯誤、提升自我，獨立成長。

▌第二個罐子：幫自己做規劃

　　第二個罐子則是建議孩子儲蓄起來的錢。

　　孩子小的時候，我會寫上一張紙條，標明這筆錢的數目，以及起存和到期時間，利率是多少。等到孩子上小學高年級

或中學後，再和孩子聊聊之前已經積攢的壓歲錢，已被用來買了哪些投資品種，當初為什麼買，以及未來如何規劃等等。

孩子為這筆儲蓄起來的壓歲錢取了一個名字叫作「金蛋基金」。現在這筆錢主要是以定期定額的方式，持續匯入指數型基金中。假設某檔基金獲利贖回，其本金和獲利都會進入大池子裡，等待下一次在用來買進另一檔基金。我知道有些家庭會早早地就將孩子的壓歲錢擺在保險產品中來儲備教育基金，而且是專項教育金產品。專項教育金產品收益確定、比較清晰明瞭。

你投入教育金保險產品多少錢，孩子上學時能領取多少錢，都是固定的，並寫入合同中。關於孩子的教育金儲備，需要注意兩點：

孩子教育金的儲備週期漫長，可能長達十八年。在這期間，自己和家人所遭遇的任何一場意外，都可能給家庭的財務帶來致命衝擊，讓你為孩子儲備多年的教育金瞬間蒸發。所以，要想順利實現教育金儲蓄目標，你需要先為自己和家人做足保障，規避教育金漫長儲備週期所面對的風險。

要專款專用，避免挪作他用。有的家庭，家長初為父母時為孩子存了一筆教育金，但是不知不覺中就動用了這筆教

育專款，幾年之後可能變成了各種消費品。等到孩子上學時，才發現教育金準備不足，難免焦慮。

每個家庭都可以根據不同的目標，選擇適合自己的教育金模式。借著規劃教育金的機會，還可以與孩子聊一聊對未來職業的期許和規劃。

▌第三個罐子：帶給他人的快樂

第三個罐子是專門用來準備購買送同學的禮物開銷、公益費用等。

對孩子來說，如果專門去講述給予和付出的意義，總會過於理論化。而鼓勵、陪伴孩子付出時間甚至金錢，自己參與到公益活動中，培養公益意識，父母和孩子都會感受到付出的快樂。當孩子意識到自己在幫助創造一個更美好的世界時，不僅幸福感增加了，也更懂得體諒和感恩。

公益活動的形式很多，例如將不再使用的書籍、玩具捐贈給需要的公益機構；參加跑步、健行等公益賽事和活動來募款；救助小動物，為社區的流浪貓狗準備一些食物等。上述點點滴滴的影響，都將會在孩子心中播下付出和支持的種

子，讓他們成為身心健康和胸懷寬廣的人。

經濟學家伊爾・艾朗（Mohamed El-Erian）曾說過：「每位父母給孩子準備的三個罐子分別是：給他們自己的、給他們認識的人的，還有給他們不認識的人的。」這其實就是讓孩子在日常生活的點滴中，學習打理金錢的方法。當孩子長大後，才能更能懂得控制欲望，正確看待金錢。

結 語
盡情揮舞自己的財富之劍，實現自由

非常感謝你讀完這本書。

有朋友問我，你這本書到底想幫讀者解決什麼問題呢？是獲得金錢知識，還是幫她們賺錢，或者是梳理家庭的關係？其實我覺得都是，卻又不完全是。

而當我寫完這本書，我找到了答案：

找到願意在投資和家庭理財方面投入時間和心力的同類、一起體會財富人生的獨立思考和行動。

在這本書裡，我寫了很多投資方法，而我自己也全部嘗試過。

我發現，所謂好的投資方法，一定是經過多方比較並親身驗證後，最後確定最適合自己，並能長期獲得回報的方法。比如說，我曾經跟進買過一檔主動型基金，最後也確實獲得等值的投資回報。後來我再細細回想，發現這個投資組合的問題是持股調整比較頻繁，如果投入金額較大的話，會因此白白「浪費」不少手續費。故而在經過多方摸索之後，我終

女子幸福
財商課

於發現並確立了以指數型基金為主，主動基金、股票、房地產等為輔的投資策略，不再頻繁操作，只求穩健中持續發展。

我有一個朋友，長期以投資股票為主，從中也累積了豐富的經驗，獲利頗豐。而她的運氣也特別好，每年總會抽中幾檔新股，幸運入袋幾萬元。另一個朋友則以房地產為主，基金為輔。早在 2018 年，她陸續買入一批較低價的房地產。2021 年，看到行情不錯，她順勢賣出，收益大幅跑贏當年以投資股票為主力的朋友。

我們三個人的性格都不同，承受風險的能力也各異，操作策略更是大不相同。但是，我們各自選擇讓自己感到舒適、沒壓力的理財方式，並且長期堅持，因此都收穫滿滿。

如何才能在投資和家庭理財的道路上持續發掘自我、更新自我？我和許多朋友交流後確立了一個共識，大家都認為廣泛閱讀給予我們不可或缺的養分。

閱讀是累積投資知識的根本，也是完善家庭理財方案的基礎。不過「盡信書，不如無書」，這還需靈活運用書中的知識才行。經過時間和案例檢驗的理論，看的時候很有啟發，實踐的時候卻可能發現未必適用，甚至還可能會導致虧損。

投資最終比的並非智力而是對自我、對這個世界的認

知。每個人的底層作業系統決定了自己會具備什麼樣的邏輯思維，擁有什麼樣的邏輯就會產生什麼樣的心態和行為，什麼樣的心態和行為就會導致最後是什麼樣的結果。投資過程中，要懂得控制情緒、嚴守紀律並制伏欲望，才能在投資市場中生存下去。這也是我自己在投資中屢次跌倒卻又再勇敢站起來，並且不斷完善自己理財方案後的領悟。

我很喜歡傳奇投資者查理‧蒙格（Charles Thomas Munger）在南加州大學法學院畢業典禮演講時說過的一句話：「我的劍只傳給能揮舞它的人。」

祝你能盡情揮舞自己的財富之劍，實現自由。

女子幸福財商課 / 陳念著 . – 一版一刷 .-- 臺北
市：時報文化出版企業股份有限公司 , 2024.09
220;14.8*21 公分
ISBN 978-626-396-464-8（平裝）
1.CST：個人理財 2.CST：女性
　　　563　　　　　　　　　　　　113008625

ISBN 978-626-396-464-8
Printed in Taiwan.

識財經
女子幸福財商課

作　　者　陳　念
視覺設計　徐思文
主　　編　林憶純
行銷企劃　蔡雨庭

總 編 輯　梁芳春
董 事 長　趙政岷
出 版 者　時報文化出版企業股份有限公司
　　　　　108019 台北市和平西路三段 240 號
　　　　　發行專線─（02）2306-6842
　　　　　讀者服務專線─0800-231-705、（02）2304-7103
　　　　　讀者服務傳真─（02）2304-6858
　　　　　郵撥─19344724 時報文化出版公司
　　　　　信箱─10899 台北華江橋郵局第 99 號信箱
時報悅讀網　www.readingtimes.com.tw
電子郵箱　yoho@readingtimes.com.tw
法律顧問　理律法律事務所　陳長文律師、李念祖律師
印　　刷　勁達印刷有限公司
初版一刷　2024 年 9 月 20 日
定　　價　新台幣 350 元

時報文化出版公司成立於 1975 年，並於 1999 年股票上櫃公開發行，於 2008 年脫離中時集團非屬旺中，以「尊重智慧與創意的文化事業」為信念。